壓力與情緒管理
自助手冊

作者◎ 邱美華

麗文文化事業

■ 國家圖書館出版品預行編目（CIP）資料

壓力與情緒管理自助手冊 / 邱美華著. -- 初版.
-- 高雄市：麗文文化, 2020.01
面；　公分
ISBN 978-986-490-168-5（平裝）

1.情緒管理　2.抗壓

176.5　　　　　　　　　　　　　108020572

壓力與情緒管理自助手冊

初版一刷・2020年1月

作者	邱美華
責任編輯	林瑜璇
發行人	楊曉祺
總編輯	蔡國彬
出版者	麗文文化事業股份有限公司
地址	80252高雄市苓雅區五福一路57號2樓之2
電話	07-2265267
傳真	07-2264697
網址	www.liwen.com.tw
電子信箱	liwen@liwen.com.tw
劃撥帳號	41423894
臺北分公司	10045臺北市中正區重慶南路一段57號10樓之12
電話	02-29222396
傳真	02-29220464
法律顧問	林廷隆律師
電話	02-29658212

行政院新聞局出版事業登記證局版台業字第5692號

ISBN 978-986-490-168-5（平裝）

麗文文化事業

定價：300元

序文

社會日益進步，國人常面臨情緒與壓力的問題，一旦情緒與壓力面臨極限又無法找到正確方法抒解，常導致生理、心理、家庭，甚至國家社會的傷痛。

Goleman（1955）認為人生的成就至多只有 20% 歸諸於 IQ，80% 則受其他因素影響。關鍵的因素在於 EQ，意即情緒智商的高低，EQ 高者能體認自己的情緒感受、擁有正向且能同理他人感受、能夠理性處理自身情緒，在人際關係、性別互動、職場生涯中，較能成功經營且感受到較高的滿意度。

壓力的處理不當，除了導致常見的生理疾患，如：偏頭痛、消化性潰瘍、失眠、飲食障礙、心臟血管疾病……，也常導致心理的異常，如：焦慮症、強迫症、恐慌症、憂鬱症，甚至自殺等。

壓力調適與管理是透過自我負責與自我掌控，瞭解自己的壓力來源、透過改變認知思考、採取有效且積極的壓力因應技巧等，就能減少壓力對自我身心的衝擊。

《壓力與情緒管理自助手冊》這本書是想讓讀者透過書中的敘述和圖表達到以下目的：

1. 瞭解情緒的內涵並學會適切管理情緒。
2. 學會壓力調適技巧，及如何因應生活中的衝突及倫理議題。
3. 透過互動的場域示範，瞭解如何因應壓力和情緒障礙的問題。

本書將內容分為十個章節，依次包含有「情緒與 5Q 達人」、「情緒理論與 90/10 的定律」、「理性與非理性想法——情緒 ABC 事件」、「理性與非理性想法——情緒 DEF 事件及練習」、「人際關係經營及衝突化解」、「壓力模式與影響——常見壓力疾病（生理）」、「壓力模式與影響——常見壓力疾病（心理）」、「時間管理與力量展露」、「防衛機轉與復原力」、「積極的壓力管理技巧」。

透過內容歸納整理及配合相關量表與習作的練習，本書非常適合青年學子在步入職場前，幫助獲得情緒壓力管理的相關知識與技巧。

邱美華　謹識

2018 年 12 月於僑光科技大學通識教育中心

目次

教學説明

【教學目的】

1. 瞭解情緒的內涵並學會適切管理情緒。
2. 學會壓力調適技巧，及如何因應生活中的衝突及倫理議題。
3. 透過互動的場域示範，瞭解如何因應壓力和情緒障礙的問題。

【授課方式】

演講（配合投影片）、實作練習、小組與影片討論。

【成績計算】

1. 授課內容實作、練習與問題回答（共5次，針對內容及實作撰寫）。
2. 學期口頭報告（針對最有興趣或印象的授課內容、實作和討論進行10分鐘的學期心得簡報）。
3. 課外學習心得報告（針對指定或推薦閱讀的書籍、小說或習作、電影，撰寫約2,000字的心得報告，需列出相關參考資料的來源）。

【課程習作】

1. 省思： 1) 五感經驗
2) 優點轟炸
3) 找到優勢
4) 情緒 ABC
5) 價值船
6) 假如我是……
7) 一個空罐子與美乃滋

2. 練習： 1) 希望盾牌
2) 幸福時刻（圖說美好時光）
3) 我最喜歡的自己

4) 與他人分享所有

5) 心理地位和溝通型態

6) 生活事件壓力量表

7) 身心壓力反應問卷

8) 壓力人格量表（A 型與 B 型人格行為特徵）

9) 兒童青少年壓力量表

10) 自我傷害意向量表

11) 肌肉鬆弛法

12) 專注於當下

13) 防衛機轉配合

14) 心情轉換的練習

15) ABCDE 的練習

16) 情境練習

【推薦閱讀書籍與小說】

1. 書籍：

(1) 何佩樺（譯）（2009）。**鑽石夢想計畫**（原作者：Cheryl Jarvis & The Women of Jewelia）。臺北市：大塊文化。（原著出版年：2008 年）

(2) 游羽蓁（譯）（1999）。**誰搬走了我的乳酪？**（原作者：Spencer Johnson）。臺北市：奧林文化。（原著出版年：1998 年）

(3) 洪蘭（譯）（2009）。**真實的快樂**（原作者：Martin E. P. Seligman）。臺北市：遠流。（原著出版年：2004 年）

(4) 齊若蘭（譯）（2009）。**99 分：快樂，就在不完美的那條路上**（原作者：Tal Ben-Shahar）。臺北市：麥格羅希爾。（原著出版年：2009 年）

(5) 陳素幸（譯）（2004）。**不斷幸福論**（原作者：Stefan Klein）。臺北市：大塊文化。（原著出版年：2002 年）

(6) 錢莉華（譯）（2009）。**尋找快樂之國**（原作者：Eric Weiner）。臺北市：天下遠見。（原著出版年：2009 年）

(7) 洪蘭（譯）（2009）。**學習樂觀．樂觀學習：掌握正向思考的訣竅，提昇 EQ 的 ABCDE 法則**（原作者：Martin E. P. Seligman）。臺北市：遠流。（原著出版年：2006 年）

(8) 謝明憲（譯）（2007）。**The Secret 祕密**（原作者：Rhonda Byrne）。臺北市：方智。（原著出版年：2007 年）

(9) 方素珍（譯）（1998）。**花婆婆**（原作者：Barbara Cooney Porter）。臺北市：三之三文化。（原著出版年：1985 年）

(10) 高雪芳（譯）（2017）。**快樂的十五個習慣：日本名醫作家日野原重明91歲時現身說出**（原作者：日野原重明）。臺北市：天下雜誌。（原著出版年：2005 年）

(11) 王石珍（譯）（2017）。**為自己出征**（原作者：Robert Fisher）。臺北市：方智。（原著出版年：1987 年）

(12) 許恬寧（譯）（2019）。**微復原力：結合科學與正向心理的幸福生活習慣**（原作者：Bonnie St. John、Allen P. Haines）。臺北市：遠見天下文化。（原著出版年：2017 年）

(13) 呂玉嬋（譯）（2009）。**星期三的信**（原作者：Jason F. Wright）。臺北縣新店市：木馬文化。（原著出版年：2008 年）

2. 小說：

(1) 黃惠玲（譯）（2013）。**幸運乘3**（原作者：Sheila Turnage）。臺北市：遠見天下文化。（原著出版年：2012 年）

(2) 韓宜辰（譯）（2012）。**朝自己的路邁進：用雙手走出不後悔的人生**（原作者：Spencer West、Susan McClelland）。臺北市：春光。（原著出版年：2011 年）

(3) 謝佳真（譯）（2015）。**教室外的最後一堂課**（原作者：David Menasche）。臺北市：平安文化。（原著出版年：2014 年）

(4) 林淑娟（譯）（2006）。**姊姊的守護者**（原作者：Jodi Picoult）。臺北市：臺灣商務。（原著出版年：2004 年）

3. 電影：

(1) 維基百科（2019）。理性與感性（電影）【網路文字資料】。取自 https://zh.wikipedia.org/wiki/%E7%90%86%E6%80%A7%E8%88%87%E6%84%9F%E6%80%A7_(%E9%9B%BB%E5%BD%B1)

(2) 天下文化（2012）。克里斯汀生 TED 演說「你要如何衡量你的人生？」（中文字幕）【網路影音資料】。取自 https://www.youtube.com/watch?v=qfTPJld4RNo

(3) 天下雜誌 video（2013）。【哈佛最受歡迎的一堂課】幸福學：如何擁有快樂人生？【網路影音資料】。取自 https://www.youtube.com/watch?v=kTfcL47B-xo

(4) CrownBookClub Crown（2011）。比《秘密》更驚人！《改變的力量》決定你一生的11個關鍵字【網路影音資料】。取自 https://www.youtube.com/watch?v=d-DWZZ_4iiA&list=PLV9_dmm0kGmMh0E2mgl2gbCN_Vuc0Aaxl

(5) 天下文化（2002）。笑退病魔【網路文字資料】。取自 https://bookzone.cwgv.com.tw/books/details/BGH050

(6) 宇哥講電影（2018）。【宇哥】沒有驚悚畫面，卻比恐怖片壓抑萬倍的電影，只因太真實！《廢紙板拳擊手》【網路影音資料】。取自 https://www.youtube.com/watch?v=b-j-oneHXKk

(7) 熱薦電影（2017）。挖到一部去年被遺忘的佳作，結局讓人飆淚！【網路文字資料】。取自 https://kknews.cc/entertainment/e9vmeq4.html

(8) 心是最明亮的眼（2017）。《廢紙板拳擊手》最新影評，這什麼來頭？【網路文字資料】。取自 https://kknews.cc/entertainment/nxrbmk2.html

(9) julietlan（2009）。人生的10/90定律～史蒂芬·柯維博士 你的反應決定很多事情的結果【部落格文字資料】。取自 https://julietlan.pixnet.net/blog/post/23803480

(10) DoReMiSharing（2011）。10-90的定律，很有用！【網路影音資料】。取自 https://www.youtube.com/watch?v=G8uePJdM-BU

(11) delicadiesel（2016）。佐賀的超級阿嬤【網路影音資料】。取自 https://www.youtube.com/watch?v=Gs_R28GWGZk

(12) Daniel Ng（2013）。尋找失落的一角及遇上大完滿 The Missing Piece Meets The Big O【網路影音資料】。取自 https://www.youtube.com/watch?v=THN2IpqPRUY

(13) 林俊成（2019）。《小丑》在紅什麼？三周破225億票房，主角亞瑟能教會你的4件事【網路文字資料】。取自 https://www.managertoday.com.tw/columns/view/58504

(14) 法操司想傳媒（2018）。《永不妥協》：這份工作，是我第一次感受被人尊重的滋味【網路文字資料】。取自 https://www.follaw.tw/f-comment/15549/

(15) 法蘭克（2017）。[電影評論]Click 命運好好玩 2006- 請珍惜身邊值得珍惜的人們【部落格文字資料】。取自 http://ck960684.pixnet.net/blog/post/54649419

(16) 馬賽克女郎（2008）。有抉擇就有遺憾──穿著 Prada 的惡魔（影評）觀後感【部落格文字資料】。取自 https://lindyeh.pixnet.net/blog/post/22088627

(17) nacre1000（2007）。想飛的鋼琴少年【網路影音資料】。取自 https://www.youtube.com/watch?v=e3HD_3WPpds

(18) 公視新聞網（2010）。[專訪] 想飛的鋼琴少年 Teo Gheorghiu 泰歐蓋爾基【網路影音資料】。取自 https://www.youtube.com/watch?v=2V3NJsJ5T80

(19) CrownBookClub Crown（2011）。改變自己！才會擁有更好的未來──《誰搬走了我的乳酪？》預告片【網路影音資料】。取自 https://www.youtube.com/watch?v=rf5ssQ0QVsw

(20) cmilearning（2013）。深夜加油站遇見蘇格拉底 - 拋開雜念 把握當下【網路影音資料】。取自 https://www.youtube.com/watch?v=xp2r_FvoAlY

(21) barton yang（2014）。深夜加油站遇見蘇格拉底 - 很有禪意的一段話～【網路影音資料】。取自 https://www.youtube.com/watch?v=TQZ0AMu4zSs

(22) 維基百科（2019）。新少林（電影）【網路文字資料】。取自 https://zh.wikipedia.org/wiki/%E6%96%B0%E5%B0%91%E6%9E%97%E5%AF%BA_(%E7%94%B5%E5%BD%B1)

4. 補充資料：

(1) Goleman, D. (1995). *Emotional intelligence: Why it can matter more than IQ*. New York: Bantam Books.

(2) 張善楠（譯）（2008）。**大學教了沒？：哈佛校長提出的8門課**（原作者：Derek Bok）。臺北市：天下文化。（原著出版年：2006 年）

(3) 善行天下（2011）。蝴蝶的飛吻【部落格文字資料】。取自 https://peck0188.pixnet.net/blog/post/12433408

(4) Solomon, R. C. (1993). *The passions:Emotions and the meaning of life*. Cambridge, MA: Hackett Publishing Company.

(5) Schachter, S. (1964). The interaction of cognitive and physiological determinants of emotional state. In L. Berkowitz (Ed.), *Advances in experimental social psychology* (Vol. 1, pp. 49-80). New York: Academic Press.

(6) Mandler, G. (1962). From association to structure. *Psychologrical Review*, 69, 415-429.

(7) Csikszentmihalyi, M. (1997). *Finding flow: The psychology of engagement with everyday life*. New York: Basic Books.

(8) 李明蒨（2019）。早中晚都不同　一日健康音樂處方箋【網路文字資料】。取自 https://www.commonhealth.com.tw/blog/blogTopic.action?nid=3229

(9) Seligman, M. (2002). *Authentic happiness: Using the new positive psychology to realize your potential for lasting fulfillment*. New York: Free Press.

(10) 陳學志（2005）。得樂離苦：淺談幽默感與正向心理學在教育上的應用。高雄：高雄師範大學教育學系演講稿。

(11) myfriend3q（魚骨頭）（2009）。生活滿意度等相關量表【部落格文字資料】。取自 https://blog.xuite.net/myfriend3q/school/21799582-%E7%94%9F%E6%B4%BB%E6%BB%BF%E6%84%8F%E5%BA%A6%E7%AD%89%E7%9B%B8%E9%97%9C%E9%87%8F%E8%A1%A8

(12) pali0621（2007）。【心理測驗】測你的幽默感程度【部落格文字資料】。取自 https://pali0621.pixnet.net/blog/post/7318303

(13) TAAZE 讀冊生活（2009）。鑽石夢想計畫【網路文字資料】。取自 https://www.taaze.tw/goods/11100177916.html

(14) Greenberg, L. S., & Safran, J. D. (1987). *Emotion in psychotherapy: Affect, cognition, and the process of change.* New York: Guilford Press.

(15) 幸佳慧（2018）。評論》童書再想想：花婆婆、魯冰花和蘿絲達克。【網路文字資料】。取自 https://www.openbook.org.tw/article/p-18223

(16) 正能量學苑：戴家圩（2019）。一本好書是一個朋友，一個朋友更是一本好書。【網路文字資料】。取自 https://kknews.cc/essay/gj4jrr9.html

(17) MBA 智庫・百科（2012）。托馬斯解決衝突二維模式【網路文字資料】。取自 https://wiki.mbalib.com/zh-tw/%E6%89%98%E9%A9%AC%E6%96%AF%E8%A7%A3%E5%86%B3%E5%86%B2%E7%AA%81%E4%BA%8C%E7%BB%B4%E6%A8%A1%E5%BC%8F

(18) Cheers 快樂工作人雜誌（2012）。快樂的15個習慣！【網路文字資料】。取自 https://www.cheers.com.tw/article/article.action?id=5031504

(19) 正能量學苑：心語雨露（2019）。向日葵看不到太陽也會開放，生活看不到希望也要堅持。【網路文字資料】。取自 https://kknews.cc/essay/eygnx6n.html

(20) 羅玉珠（2009）。遠離憂鬱負面情緒，擁抱快樂之行動研究。**網路社會學通訊期刊**，78。取自 http://www.nhu.edu.tw/~society/e-j/78/78-19.htm

(21) 姚林生（2005）。壓力與精神疾病。線上檢索日期：2019 年 10 月 6 日。取自 http://www.nhush.tp.edu.tw/admin/coun/heart-4.htm

(22) 蔡秀玲、楊智馨（1999）。**情緒管理**。臺北市：揚智文化。

(23) Lazarus, R. S., & Folkman, S. (1984). *Stress, appraisal and coping.* New York: Springer.

(24) Holmes, T. H., & Rahe, R. H. (1967). The Social Readjustment Rating Scale. *Journal of Psychosomatic Research*, 11, 213-218.

(25) 潘正德（譯）（1995）。**壓力管理**（原作者：Jerrold S. Greenberg）。臺北市：心理。（原著出版年：1989 年）

(26) 正能量學苑：正能量學苑：於子 MV（2018）。一輩子真的很短很短。【網路文字資料】。取自 https://kknews.cc/zh-tw/essay/86br6ye.html

(27) 張子正等（譯）（1998）。**青少年團體諮商：生活技巧方案**（原作者：Morganett, R. S.）。臺北市：五南。（原著出版年：1990 年）

(28) 原始咖味（2016）。美乃滋瓶罐和兩杯咖啡的故事【網路文字資料】。取自 https://kknews.cc/zhtw/news/2jzkv9.html

(29) 傳知網校（2012）。七大措施，克服拖延症！【網路文字資料】。取自 https://kknews.cc/zh-tw/psychology/lezqe2.html

(30) 願白頭偕老（2016）。讓你專注於當下的 8 個好方法【網路文字資料】。取自 https://kknews.cc/zh-tw/news/r2jp6x.html

(31) 盛盛 GO（2016）。傳盛：最重要的事，只有一件【網路文字資料】。取自 https://36kr.com/p/5058746.html

(32) Aaron 老師（2017）。時間管理淺談【網路文字資料】。取自 https://humorousaaron.wordpress.com/2017/07/30/howtomanagetime/

(33) 百科知識。ABC 時間管理法【網路文字資料】。取自 https://www.easyatm.com.tw/wiki/ABC%E6%99%82%E9%96%93%E7%AE%A1%E7%90%86%E6%B3%95

(34) 益 CMH（2019）。ABC 管理法則，一個普遍適用的法則【網路文字資料】。取自 https://kknews.cc/career/9pzaxvq.html

(35) 李洛克（2015）。【小說商學院】改變你一生的80/20 法則（帕累托法則）【網路文字資料】。取自 https://www.rocknovels.com/8020rule.html

(36) 張小嫻（1997）。**荷包裡的單人床**。臺北市：皇冠。

(37) Luthar, S. S., Cicchetti, D., & Becker, B. (2000). The construct of resilience: A critical evaluation and guidelines for future work. *Child Development*, 71, 543-562. doi: 10.1111/1467-8624.00164

(38) 曾文志（2005）。**危機是轉機：大學生的復原之路〈自助手冊001〉**。花蓮：慈濟大學學生輔導中心。

(39) 博客來（2019）。微復原力：結合科學與正向心理的幸福生活習慣【網路文字資料】。取自 https://www.books.com.tw/products/0010832374

第一單元

情緒與 5Q 達人

> 「當別人給你一顆種子，你應該把它種成樹，當他給一株小樹時，你就應該把它種的比別的樹高。」

一、5Q 達人～ IQ、EQ、AQ、MQ、SQ

（一）IQ（Intelligence Quotient）高低的意義？

1. 高 IQ 通常有較高職業，但不等於一定有較高成就。
2. 學業成績優異並不保證比較會處理人生問題。
3. 高 IQ 不一定與幸福快樂成正比。
4. 現代教育只重學業（智力），忽略個人命運的「性格特質」。

（二）EQ（Emotional Intelligence Quotient）的原素

　　情緒是主客體間需求關係反映，一般而言，人的需求要得到滿足時，便會產生愉快的情緒，如考試考得好；但當一些事不符合或不滿足人的需要時，就會引起不快、消極的情緒。

情緒智慧 → 情緒（E）智商（IQ）→ EQ

1. **認識自身情緒**：情緒的本質是 EQ 的基石，瞭解自己，掌握感覺。
2. **妥善管理情緒**：擺脫焦慮與不安，自我安慰，走出低潮，重新出發。
3. **自我激勵情緒**：集中注意力，發揮創造力，情感自制力，保持高度熱忱是一切成就的原動力。
4. **自我激勵情緒**：認知他人情緒，具備同理心，站在他人角度思考，利他精神。
5. **人際關係管理**：是技巧更是藝術，提升人緣、和諧力、領導力。

（三）AQ（Adversity Quotient）

1. 逆境智商達人。
2. 具有良好的挫折忍受力，能以彈性面對逆境，積極樂觀，接受困難的挑戰，發揮創意找出解決方案，不屈不撓，愈挫愈勇，表現卓越有具體事實者。

（四）MQ（Morality Quotient）

1. MQ 就是道德智商，亦稱精神商數。

2. MQ 道德智商達人。

3. 具有良好的品德，並有禮貌體貼、尊重寬恕、忠心誠實、負責合作等良好情操美德，且能實踐有具體事實者。

善意的謊言是故意還是圓滑？
你可以舉出例子來說明兩者之不同嗎？

（五）SQ（Skin / Smile Quotient）

SQ 是一個人的皮膚商數／快樂商數。有時亦稱社會商數。

SQ 低的人，⋯⋯。

1. SQ-I-You 共融的社會智能。

2. 社會腦是一套內建的系統，引導我們幫助他人、善盡職責，並以行動落實同情心。從當前的社會與經濟狀況來看，社會智能這種關懷洋溢的感受能力，將會發揮非常可觀的成效。

練習 1
希望盾牌

(1) 為自己取三個名字（綽號亦可）。　(2) 形容你最喜歡的朋友之特質。

(3) 你最想改變的三項事實。　　　　(4) 你最想去的地方。

(5) 寫兩個你的願望。　　　　　　　(6) 你最希望家人做什麼？

(7) 你期待未來的墓誌銘為何？

```
┌──────────────┬──────────────┐
│ 1.           │ 2.           │
│              │              │
│              │              │
├──────────────┼──────────────┤
│ 3.           │ 4.           │
│              │              │
│              │              │
├──────────────┼──────────────┤
│ 5.           │ 6.           │
│              │              │
│              │              │
├──────────────┴──────────────┤
│              7.             │
└─────────────────────────────┘
```

二、正向心理學的課題

- 正向情緒（positive emotion）。
- 正向特質（positive traits）。
- 正向組織（positive institute）。

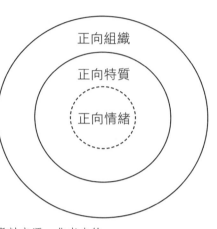

資料來源：作者自繪。

（一）PQ（Positive Intelligence Quotient）

1. 什麼是正向智商？
2. 提升 PQ 的三大心法：
    (1) 削弱心魔的力量。
    (2) 強化心聖的力量。
    (3) 鍛鍊 PQ 腦肌。

✧ 心魔

✧ 心聖：

1. 接納每一種結果、每一個境遇，並將之視為上天的禮物與機會。
2. 每一個當下、每一個狀況，都是最好的安排。
3. 快樂與幸福確實是內心的賽局。

（這就如同我每天在操練的：今天是最美好的一天，一切都是最好的安排。）

（二）心聖的五大力量

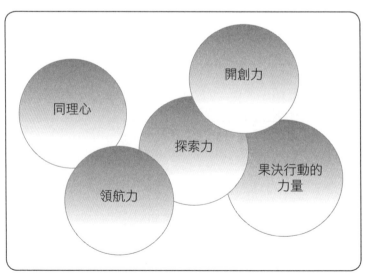

資料來源：作者自繪。

1. **溝通有兩種頻道：**

   (1) 資料頻道：事實、資料、細節。　　(2) PQ 頻道：能量、情緒、感受。

2. **溝通：**

   (1) 立場：衝突的焦點通常就在於立場，立場會產生相對的東西，及反對立場，也是心魔的所在。

   (2) 設想：對他人的意圖，需求的設想，時常是錯的。

   (3) 夢想：至少都有一小部分沒有顯露出來，等待被人發掘。

3. **傾聽：透過 PQ 頻道的傾聽與回應。**

   - 你會發現，世間的道理真理都是一樣，就是同樣一句話，就是「覺察」！
   - 套用大前研一常用的書名：「覺察力」。
   - 努力地提升自己的 PQ 正向智商，你會發現原來「快樂與幸福只是內心的一場賽局」；你會發現，原來自己是這樣好玩的東西，原來人生與生命是如此的一場心魔對抗史。

（三）進大學的目的

海倫‧凱勒（Helen Keller）於 1904 年在瑞德克里夫學院（Radcliffe College）畢業典禮之夜致辭：

> 「大學為我的心靈注入活水，讓我對舊知識和舊事務有新的體認。」
>
> （張善楠譯，2008: 257）

希望能過一個充實、有意義的人生。

省思1
五感經驗

1. 視覺：

2. 聽覺：

3. 嗅覺：

4. 味覺：

5. 觸覺：

᧿ 問題討論

1. 你在做完上述體驗後，你覺得對你而言，「最困難」的是哪個部分？

2. 你平時做最多的是什麼？由五感中找出。

3. 你希望今日體驗後，以後也可以多做以利自我培養能力者是哪一種？

三、電影賞析：《理性與感性》

《理性與感性》（*Sense and Sensibility*）

　　由李安所執導的電影，由休·葛蘭、愛瑪·湯普森與凱特·溫斯蕾主演，並於 1995 年 12 月於美國上映，獲得柏林影展金熊獎。本片根據 19 世紀英國著名小說家珍·奧斯汀 1811 年同名小說《理性與感性》所改編。

資料來源：

維基百科（2019）。理性與感性（電影）【網路文字資料】。取自 https://zh.wikipedia.org/wiki/%E7%90%86%E6%80%A7%E8%88%87%E6%84%9F%E6%80%A7_(%E9%9B%BB%E5%BD%B1)

⌕ 問題討論

1. 你看完此部影片後，知道它是誰的小說作品嗎？

2. 你覺得此部影片最主要想表達的是什麼議題或概念？

3. 你心目中理想的婚姻是什麼樣子？

4. 人有沒有可能愛第二次？

5. 人應該以什麼樣的態度來承受痛苦？悲痛之餘，要怎麼重新出發？

四、悅讀新天地：克里斯汀生 TED 演說、幸福學

克里斯汀生 TED 演說「你要如何衡量你的人生？」（中文字幕）

https://www.youtube.com/watch?v=qfTPJld4RNo

【哈佛最受歡迎的一堂課】幸福學：如何擁有快樂人生？

https://www.youtube.com/watch?v=kTfcL47B-xo

資料來源：
天下文化（2012）。克里斯汀生 TED 演說「你要如何衡量你的人生？」（中文字幕）【網路影音資料】。取自 https://www.youtube.com/watch?v=qfTPJld4RNo
天下雜誌 video（2013）。【哈佛最受歡迎的一堂課】幸福學：如何擁有快樂人生？【網路影音資料】。取自 https://www.youtube.com/watch?v=kTfcL47B-xo

↻ 問題討論

1. 看完兩部演講，你的想法為何？

2. 快樂真的是一種選擇嗎？

3. 如何衡量自己所面對的一切？

練習2
幸福時刻（圖說美好時光）

1.「幸福」是種代名詞，你覺得你最幸福的時刻為何？

2. 可以刻劃出最幸福的時刻嗎？以文或圖畫方式呈現皆可。

蝴蝶的飛吻

我們常常會在自己的小孩子身上學到很多東西。

很久之前，我的一位朋友為了他 3 歲的女兒浪費了一些金色的包裝紙而處罰了她。那個時候也不是很有錢，然而當他看見孩子將裝飾好的盒子放在樹下後他更加的火大。

隔了一天，那小女孩還是把那個盒子帶到他父親面前說：「爸爸，這是給你的。」他就對先前的過度反應而感到不好意思。

當他發現盒子裡面沒有東西時，他又發起脾氣大聲的罵她說：「妳到底知不知道禮物盒裡面應該是有禮物的？」

那個小女孩抬起頭來，含著眼淚望著他爸爸說：「喔，爸爸，裡面不是空的，在盒子裡有很多我吹進去的吻，那些全是給你的。」

那父親當時就完全的崩潰了，他就抱著小女孩並乞求她的諒解。

我的朋友跟我說，那個金盒子已經放在他床鋪邊很久了，每當他遇到挫折，他就會拿出一個吻來，並想起放這些吻進去的孩子對他的愛。

說真的，我們每一個人都有一個所有關心我們的人所送的金盒子，在那裡面裝滿了他們給我們無條件的愛和飛吻，沒有人能夠得到比這些更寶貴的東西。

資料來源：
善行天下（2011）。蝴蝶的飛吻【部落格文字資料】。取自 https://peck0188.pixnet.net/blog/post/12433408

第二單元

情緒理論與90/10 的定律

想像如果有一天你會變成世界最重要的人物，你可能會變成什麼？

一、情緒理論

（一）早期情緒理論

1. 柏拉圖（Plato）

輕視情緒，靈魂三要素——理性、靈性和物欲所組成，認為情緒是會毀損理性的東西。

2. 亞里斯多德（Aristotle）

情緒具有多向度的存在，情緒負責較高級的認知生活和較低級的官能生活的合成。依據 Solomon（1993）分析，亞里斯多德對情緒的解釋應從倫理的架構來看待。

3. 笛卡兒（Descartes）

極端二元論，把心靈與肉體分開。在外界環境下，動物只有本能反應，但人類會有理智（或抉擇）的介入。情緒是人類的基本決定因素。

情緒路線為外界訊息透過感覺器官和神經通道在松果體上產生一種印象，這引起靈魂思考的刺激，會再透過松果體把行為反應的訊息送回身體。

4. 達爾文（Darwin）

他對一系列物種的情緒表情所蒐集的資料，把人類及其他動物放在一個光譜上。

5. 麥克杜格爾（McDougall）

嘗試把情緒（emotions）與感受（feelings）分開，「揭近有益目標的能力」是人類心理運作的基礎所在，所有行為是為尋求食物，或源於逃離或避開有害的刺激。

在人們的整個演化過程中，目標變得愈具體而明，則目標導向的行為變得愈為專門化。

McDougall 在複雜的感受與真正的情緒間做出重要比較：

(1)「真實」的情緒是使得每個衝動有所區別，而複雜的感受受制約於我們努力上的成功或失敗，並渲染後續類似的衝動。

(2) 真正的情緒在進化階層上早於人類而出現，複雜的感受只有人類才有。情緒是獨立於認知能力。

(3) 每種原始情緒都是持久不變，而複雜的感受卻非是獨立存在的實體。

6. 詹郎二氏論（James-Lange theory）

針對 James 理論提出五大批判：

(1) 人為造成的內臟變化似乎不會導致情緒產生。

(2) 沒有證據顯示情緒存在有內臟反應型態。

(3) 內臟器官幾乎沒有感受性；任何來自它們的回饋無法被用來區別情緒。

(4) 如果經由交感神經切除手術和迷走神經切除手術，使內臟和神經系統分離，內臟反應會無從傳遞。

(5) 內臟反應相當緩慢。

前三項曾被 Schachter（1964）有效反駁，而 Mandler（1962）也曾提出 (4)、(5) 項觀點的迷思。

7. 坎巴二氏情緒論（Cannon-Bard theory）

情緒經驗與生理變化是同時產生的，兩者都受視丘管制，情緒經驗主要是由於對刺激情境的覺知。

8. 帕培茲（Papez）

　　放於生物學上來解釋。

9. 達菲（Duffy）

　　把所有行為（包括情緒）分解為能量水平、組織及意識狀態等方面的變化，而且把每個組成部分置於連續的光譜上。

二、正向情緒的前世今生

（一）過去正向情緒

1. 滿足（well-being）及滿意（satisfaction）。
2. 感恩、寬恕及遺忘。

 省思2
優點轟炸

1. 你的朋友或家人喜歡你哪些特質？你覺得你現在擁有哪些能力或特質可以使別人更喜歡你？

2. 你覺得剛才的經歷如何？請說出感受來。你害怕被別人誇讚嗎？為什麼？你會習慣忽略自己的優點嗎？這種習慣對你的自我概念有無影響？

（二）現在正向情緒

感官的歡愉（the sensual pleasure），及愉悅（happiness）、享受（enjoy）、心流（flow）。

1. 心流（flow）

一個人完全沉浸於某種活動當中，無視於其他事物存在的狀態，這種經驗本身帶來莫大的喜悅，使人願意付出龐大的代價。

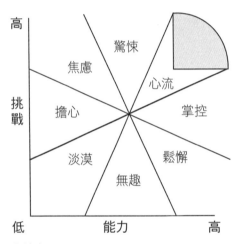

資料來源：Csikszentmihalyi, M. (1997). *Finding flow: The psychology of engagement with everyday life*. New York: Basic Books.

2. 最優經驗（optimal experience）

個人對生命的看法由許多塑造經驗的力量匯集而成，而我們難以控制大多數的力量，如長相、身材或氣質等。

感覺有能力控制自己的行動，與主宰。

自己的命運→一種無比欣喜的珍貴經驗，即是「最優經驗」。

（三）未來正向情緒

樂觀（optimism）、希望（hope）及信心（faith）。

三、悅讀新天地：《改變的力量》、《笑退病魔》

比《秘密》更驚人！《改變的力量》決定你一生的 11 個關鍵字
https://www.youtube.com/watch?v=d-DWZZ_4iiA&list=PLV9_dmm0kGmMh0
E2mgl2gbCN_Vuc0Aaxl

資料來源：
CrownBookClub Crown（2011）。比《秘密》更驚人！《改變的力量》決定你一生的 11 個關鍵
字【網路影音資料】。取自 https://www.youtube.com/watch?v=d-DWZZ_4iiA&list=PLV9_
dmm0kGmMh0E2mgl2gbCN_Vuc0Aaxl

⌕ 問題討論

1. 看完這部影片，你覺得哪個關鍵字對你影響比較大？說說你的想法為何？

2. 它與吸引力法則不一樣的地方在哪裡？

《笑退病魔》(*Anatomy of an Illness as Perceived by the Patient*)

作者：Norman Cousins
譯者：陳萱芳
出版社：天下文化
出版日期：2002/09/15
ISBN：9864170406

　　突如其來的嚴重膠原蛋白疾病，讓卡森斯身上每處關節都像被卡車碾過一樣痛，大量的止痛消炎藥更讓他全身發癢起疹。在醫師判定痊癒機會只有五百分之一後，不甘認命的他決定親自跟病魔作戰。

　　他採取兩個對策：藉由開懷大笑促成體內產生正向的化學變化，以及點滴注射高劑量維他命C。效益很快出現，他停掉藥物，恢復了全職工作，也重新打網球、騎馬……

　　在這本深具影響力的暢銷書中，卡森斯想傳達「整體健康」的概念：千萬不要低估人類身心再生的力量。人的心靈足以啟動身體的自癒潛力——即使罹患的是看來無望的重症。

資料來源：
天下文化（2002）。笑退病魔【網路文字資料】。取自 https://bookzone.cwgv.com.tw/books/details/BGH050

問題討論

1. 你平常喜歡笑嗎？笑不用花錢，只要心裡感受到許多歡樂情緒就可以。

2. 你平時最歡樂的時候，是什麼時候？它對你的影響為何？

練習3

我最喜歡的自己

我最喜歡自己＿＿＿＿＿＿＿＿＿＿＿＿，因為＿＿＿＿＿＿＿＿＿＿＿＿＿＿。

我最喜歡自己＿＿＿＿＿＿＿＿＿＿＿＿，因為＿＿＿＿＿＿＿＿＿＿＿＿＿＿。

我最喜歡自己＿＿＿＿＿＿＿＿＿＿＿＿，因為＿＿＿＿＿＿＿＿＿＿＿＿＿＿。

我最喜歡自己＿＿＿＿＿＿＿＿＿＿＿＿，因為＿＿＿＿＿＿＿＿＿＿＿＿＿＿。

我最喜歡自己＿＿＿＿＿＿＿＿＿＿＿＿，因為＿＿＿＿＿＿＿＿＿＿＿＿＿＿。

四、電影賞析：《廢紙板拳擊手》

《廢紙板拳擊手》（Cardboard Boxer）

　　孤獨的威利和其他的流浪漢一樣，每天都是漫無目的的活著。當有一天他在垃圾箱中翻東西的時候發現一本燒的有點殘破的日記本，威利透過日記發現小女孩也是一名和自己一樣孤獨而又過著不幸的生活，他開始和幻想中的小女孩交朋友，把自己寫的文字摺成飛機在樓頂飛下去，他希望小女孩能夠看到，他也希望自己並不是孤獨的人。

資料來源：

宇哥講電影（2018）。【宇哥】沒有驚悚畫面，卻比恐怖片壓抑萬倍的電影，只因太真實！《廢紙板拳擊手》【網路影音資料】。取自 https://www.youtube.com/watch?v=b-j-oneHXKk

熱薦電影（2017）。挖到一部去年被遺忘的佳作，結局讓人飆淚！【網路文字資料】。取自 https://kknews.cc/entertainment/e9vmeq4.html

心是最明亮的眼（2017）。《廢紙板拳擊手》最新影評，這什麼來頭？【網路文字資料】。取自 https://kknews.cc/entertainment/nxrbmk2.html

問題討論

1. 你看完這部電影後，你的想法是什麼？

2. 一個人的孤獨與和一群人在一起後的孤獨，對你而言，哪個更讓你覺得不舒服？

3.「獨處」和「孤獨」、「寂寞」有何不同？

五、90/10 定律

1. 史蒂芬・柯維（Stephen Covey）博士發現了 90/10 的定律。

2. 它將改變你的一生（最低限度，它將改變你對不同情況的反應）。

3. 90/10 的定律就是——生命的 10% 是由你的際遇所組成，餘下的 90% 則由你的反應而決定。

> 讓我們舉個例子。
>
> 你與家人吃早餐，你的女兒不小心把咖啡潑倒在你的襯衫上，這件事你無可奈何。
>
> 但接下來發生的事情卻是由你的反應而定。你開始責罵。
>
> 你狠狠地臭罵女兒一頓，她開始哭了起來。然後你又把怨氣發洩在太太身上，責難她把咖啡放在桌邊。接踵而來的是一場夫妻爭辯。你生氣地上樓更換襯衫。下樓時，發現你的女兒正一面哭著吃早餐，一面整理上學的書包，結果，她錯過了上學的巴士。

太太趕著上班，你匆忙開車把女兒送到學校。因為已經遲到了，你以時速 40 英里在一條限速 30 英里上的路奔馳。

由於被警察延誤，並付了 60 元罰款，你到達女兒學校時，已經遲到 15 分鐘。你的女兒沒有跟你道別，便急急忙忙跑入學校。而你到達公司，已是 9 點 20 分了，這時你竟然發現──你忘了帶公事包。

這是非常糟糕的一天，而你感到你的運氣每況越下，你開始渴望回家。

可是當你下班回家，你感到你與太太及女兒的關係上出現微小裂痕。

為什麼？……一切皆由你早上的反應而起。

為何你會有如此糟糕的一天？（選擇題來了）

(A) 是咖啡所造成的嗎？

(B) 是你的女兒所造成的嗎？

(C) 是警察所造成的嗎？

(D) 是你所造成的嗎？

資料來源：

julietlan（2009）。人生的 10/90 定律～史蒂芬‧柯維博士 你的反應決定很多事情的結果【部落格文字資料】。取自 https://julietlan.pixnet.net/blog/post/23803480

DoReMiSharing（2011）。10-90 的定律，很有用！【網路影音資料】。取自 https://www.youtube.com/watch?v=G8uePJdM-BU

⌐ 問題討論

1. 上述的問題，你的回答為何？

2. 如何能避免這件事的發生？

3. 你如何將90/10 的定律運用在生活中？可以說說看最近生活中所遭遇到的例子。

「生命究竟有沒有意義並非我的責任，但是怎樣安排此生卻是我的責任」～赫塞（Hesse, H）

「生涯規劃是一個人盡可能地規劃未來生涯發展歷程，考慮個人智力、性向、價值，以及阻力，做好妥善的安排，期望自己能適得其所，而不是一顆擺錯位置的棋子。」

早中晚都不同　一日健康音樂處方箋

2019/06/11 · 作者 / 李明蒨 · 出處 / Web only

　　一天之中從睜開眼睛那一刻，周遭無不環繞各種聲音，其中涵蓋噪音與樂音。許多噪音非個人範圍可控制，但積極提供好聲音是每個人可進行。以下是考量身心健康所訂製的一日音樂處方箋，順此檢視平時所處的聲音環境，瞭解聲音如何密切地影響健康。

1) 晨起閱讀：聽巴赫和莫札特

　　如果你喜愛清晨閱讀時光，巴赫音樂的嚴謹結構和秩序感，有助提高思考力；莫札特輕快、規律的節奏，加上喜悅旋律，如為心情著上粉系色彩，有助維持清新腦力，享受閱讀時光。（推薦閱讀：〈洪蘭：閱讀＋運動，活化大腦抗憂鬱〉）

2) 晨起運動：聽古風音樂「不老夢」

　　晨間是身體逐漸甦醒的時光，較和緩的運動如散步、慢跑、太極、瑜伽等屬於溫柔喚醒體內細胞的方式。相當受歡迎的古風音樂「不老夢」曾被改編成各種樂器演奏，包括鋼琴、笛子、二胡、古箏或加入人聲演唱，選聽自己所愛的演奏版本，在悠揚迴盪、不疾不徐樂聲中，有助避免運動強度過大。

3) 午間小憩：有《弦樂小夜曲》

　　經過上午的繁忙會議，被繁雜事務佔據的腦袋需要喘息。柴可夫斯基的《第一號 弦樂小夜曲》屬於通俗的古典樂，音樂輕快、抒情、有農家味，極為平易近人。

　　午間小憩聽古典樂的好處是，在純淨、美好樂聲中使呼吸變得深長，同時持續保持動能，為下午的工作儲備好能量。

4) 下班情緒轉換：聽海莉美聲

　　整天工作下來累積的疲勞與壓力如何迅速轉換，是生活另一挑戰。美，在生活中的意義是「抒壓」。具穿透性的純淨歌聲使人愉悅，跨界女高音海莉的歌聲，如她的家鄉紐西蘭給人純淨、開闊的美好感覺，帶來輕盈、亮麗的聯想，緊繃的心情頓時放鬆下來，沉浸在具有美感的氛圍中。

5) 蕭邦《夜曲》：啟動睡前自我對話

　　夜裡清除雜念有助提高睡眠品質，啟動音樂腦，以音樂代替雜念，輕輕鬆鬆一覺睡得香甜。蕭邦《夜曲》寧靜、優美，很適合在睡前搭配一杯熱茶，在溫暖優美氛圍下回顧一日辛勞：今天最滿意的事情是什麼？哪件事是今天最大成就感？喜歡的、顧忌的，在靜心自我對話中皆得到釋放。安定了內心，準備迎接好睡眠。（推薦閱讀：〈失眠走開！一夜好眠的秘密〉）

（本專欄反映專家意見，不代表本社立場）

資料來源：
李明蒨（2019）。早中晚都不同　一日健康音樂處方箋【網路文字資料】。取自 https://www.commonhealth.com.tw/blog/blogTopic.action?nid=3229

第三單元

理性與非理性想法──
情緒 ABC 事件

用幽默雕塑智慧

用開放的心容許自己和來談者成長

不要錯過任何改變自己和他人的方法

請相信自己

一、正向心理學之正向特質

（一）六大美德

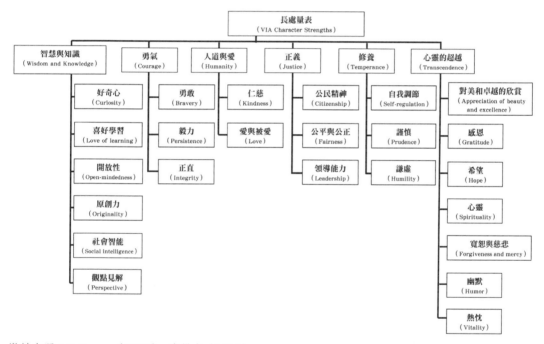

資料來源：Seligman（2002）；陳學志（2015）。

　　智慧、勇氣、人道、正義、修養、心靈超越是正向心理學的六大美德。

1. **智慧**：原創力、好奇心、開放性、熱愛學習、社會智慧、觀點見解。
2. **勇氣**：勇敢、堅毅、正直。
3. **人道**：仁慈、愛。
4. **正義**：公民精神、公平與公正、領導能力。
5. **修養**：自我調節、謹慎、謙虛。
6. **心靈超越**：對美和卓越的欣賞、感恩、希望、心靈、寬恕與慈悲、幽默和熱忱。

感激量表

請用下面數字表達出你對每一個句子的同意度。

1 = 強烈不同意；2 = 不同意；3 = 有一點不同意；4 = 持平；5 = 有一點同意；6 = 同意；7 = 非常同意。

	1. 我生命中有非常多值得感謝的地方。
	2. 假如要我列出值得感謝的事，這張單子會很長。
	3. 我看不到這世界有什麼值得感謝的地方。
	4. 我對很多人都很感激。
	5. 我年紀越大，越能感受到生命中的人、事、物對我的幫助，他們是我生命歷史的一部分。
	6. 要經過很久的時間以後，我才會對某人或某事感到感激。

資料來源：myfriend3q（魚骨頭）（2009）。生活滿意度等相關量表【部落格文字資料】。取自 https://blog.xuite.net/myfriend3q/school/21799582-%E7%94%9F%E6%B4%BB%E6%BB%BF%E6%84%8F%E5%BA%A6%E7%AD%89%E7%9B%B8%E9%97%9C%E9%87%8F%E8%A1%A8

◎計分方式：

1. 請將第 1、2、4、5 題的分數加起來→ A = _____ 。
2. 顛倒第 3 題和第 6 題的分數，也就是假如你填 7 就把 7 改成 1，如果填 6 便改成 2，填 5 改成 3，填 4 不變……，依此類推，將顛倒的分數加起來→ B = _____ 。
3. 把 A 的分數加上 B 的分數，所得到的便是你的感激量表分數，分數應該會落在 6-42 分，分數越高代表對生命的感激程度越高。

（二）幽默

幽默是對不協調、矛盾或超乎常態的刺激，在經過深思熟慮及似是而非的理解過程後，所產生的愉悅、放鬆的心理感覺以及外顯的微笑或大笑反應。而這種過程之目的在增進和諧以及增加對人生的領悟。

幽默指數

一天醒來，發覺自己做了個奇怪的夢，

夢裡的你，做了一件讓你感到非常光榮的事；

可是醒來後卻覺得好幼稚、好好笑，你覺得那會是什麼事呢？

a. 被人用槍指著頭還面不改色。

b. 連唱三首歌竟然都沒有走音。

c. 在五公尺的距離外，將一團紙不偏不倚丟入垃圾桶內。

d. 九九乘法表倒背如流。

e. 扶一位老人家過街後竟然沒有跟他收取費用。

f. 救了一隻被捕獸器夾到的狐狸。

g. 將名字改為「光榮」。

h. 什麼都沒做，所以沒有搞砸任何事。

資料來源：

pali0621（2007）。【心理測驗】測你的幽默感程度【部落格文字資料】。取自 https://pali0621.
　　pixnet.net/blog/post/7318303

◎解答：

a. 被人用槍指著頭還面不改色，潛在幽默感：30%。

b. 連唱三首歌竟然都沒有走音，潛在幽默感：40%。

c. 在五公尺的距離外，將一團紙不偏不倚丟入垃圾桶內，潛在幽默感：80%。

d. 九九乘法表倒背如流，潛在幽默感：70%。

e. 扶一位老人家過街後竟然沒有跟他收取費用，潛在幽默感：60%。

f. 救了一隻被捕獸器夾到的狐狸，潛在幽默感：80%。

g. 將名字改為「光榮」，潛在幽默感：90%。

h. 什麼都沒做，所以沒有搞砸任何事，潛在幽默感：50%。

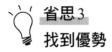 **省思3**
找到優勢

1.運用上述你的特徵優勢，找出三個你想改善的部分，運用上述的做法試試看。

主優勢	次優勢	任務
智慧		
勇氣		
人道		
正義		
修養		
心靈超越		

2.你做完後的感受為何？

3.你覺察到哪些人、事、物？

二、認知模式的契機

（一）Lazarus 認知評估理論

1. 重視個體對於刺激的認知解釋所導致的不同情緒反應。
2. 認知評估主要有三種形式：初級評估、次級評估、再評估。

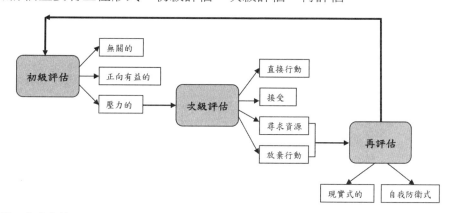

資料來源：作者自繪。

1. 初級評估

　　以壓力情境所造成的傷害程度為評估的指標，個體會評估壓力情境對自己的意義、傷害或威脅程度。

　　包含三種判斷：

(1) 無關的（irrelevant）：個人在環境中所遇到的事件與幸福感無關時屬之。

(2) 正向有益的（being-positive）：事件結果若是正向，會保存或強化幸福感。認知評估是複雜的，必須依賴「個人因素」、「情境脈絡」來做判斷。

(3) 壓力的（stressful）：包含傷害／失落（harm/loss）、威脅（threat）、挑戰（challenge）。

2. 次級評估

　　個人對選擇各類行動以成功因應某事件可能性的判斷，是個體評估自己對壓力採取任何因應行動後會造成傷害或威脅的程度，亦即對擬採取的因應策略進行評估。

　　在次級評估中有四種可能的因應方向：

(1) 直接行動、(2) 接受、(3) 尋求資源、(4) 放棄行動。

3. 再評估

　　以環境中新訊息為基礎所做的評估改變，亦即重新評估所選的因應策略，可幫助個人抵抗或助長壓力。

　　Lazarus 認為再評估是一種回饋處理，包含兩種形式：(1) 現實式的、(2) 自我防衛式的。

ㄑ 問題討論

1. 試著用上述的理論來說明最近遇到需抉擇事情的處理為何？

三、悅讀新天地：《鑽石夢想計畫》

《鑽石夢想計畫》

作者：Cheryl Jarvis & The Women of Jewelia
譯者：何佩樺
出版社：大塊文化
出版日期：2009-06-01
ISBN：9789862131213

　　這個故事和一條項鍊有關，但重點並不是鑲在上面的 118 顆鑽石。

　　一個「合買鑽石項鍊」的奇想，湊合了十三名五十幾歲、相識或不相識的熟女。

　　婦產科醫師在這個女性團體尋求姊妹情誼；喜好冒險的健身教練熱愛這個使她保持年輕活力的實驗；62 歲搖滾辣媽滿心期待華麗的項鍊使女兒成為最美的新娘；忙於照顧罹病母親和丈夫的中學教師，寄望鑽石項鍊為生活帶來改變；至於鬱鬱寡歡的珠寶店老闆娘，則是被老公慫恿加入這一群，「我希望妳和她們一樣開心」。

資料來源：
TAAZE 讀冊生活（2009）。鑽石夢想計畫【網路文字資料】。取自 https://www.taaze.tw/goods/11100177916.html

練習4
與他人分享所有

1. 你過去曾有與人合購「物品」的經驗嗎？合購的物件、時間和感受如何？

2. 你們也曾經有過大家共同享有的概念嗎？如果有，這種經驗帶給你什麼感受？

3. 如果你想要與他人共同享有「一件」物品，你會如何做？這件物品對你的影響力為何？

四、理性與非理性想法

（一）理情治療（Rational-Emotive Therapy, RET）的源起

「理性－情緒」治療是由臨床心理學家亞伯・艾里斯（Albert Ellis）於 1955 年所創立，強調認知的重建，為一高度認知取向的方法，但亦顧及情感、行為層面，期盼藉著具體的認知－行為－情緒的方法，幫助個體克服自我貶損的價值體系，產生導引其自我充分發展人生哲學，並增進個體有效的適應能力。

（二）理情行為治療（Rational-Emotive-Behavioral Therapy, REBT）基本概念

Ellis 晚年加入行為實踐部分，將理論擴充為理情行為治療。

1. 人同時具有理性及非理性想法。

2. 人有非理性思考的傾向。而此不合理思考源自早期不合邏輯的學習，多受父母或文化的影響。

3. 人類情緒困擾不是由外界環境、事件決定，而是導自非理性或不合邏輯的思考結果。

4. 情緒本身是一種非理性的、偏見的、過分主觀的思考歷程。

5. 人類乃是語言的動物，通常透過符號或語言的使用進行思考。

6. 人類不斷覆誦一些不合邏輯的內在自我語言，這種不停的自我刺激（self-stimulation）即是情緒困擾一直持續、未能消失的理由。

7. 人具有改變自己觀念價值、情緒和行為能力，可重新組織知覺與思考，藉此消除或改變自我貶損的想法與情緒。

五、電影賞析：《佐賀的超級阿嬤》

《佐賀的超級阿嬤》（佐賀のがばいばあちゃん）

　　電影《佐賀的超級阿嬤》是由同名小說改編而成，小說作者島田洋七的本名叫德永昭廣。昭廣 8 歲到 15 歲期間曾經和佐賀阿嬤一起度過八年的生活，後來他成為日本相聲界的大師。

資料來源：
delicadiesel（2016）。佐賀的超級阿嬤【網路影音資料】。取自 https://www.youtube.com/watch?v=Gs_R28GWGZk

↳ 問題討論

1. 請說說：你看完此片的心得及想法為何？

2. 你覺得阿嬤帶給昭廣什麼樣的人生觀？

3. 請提出你看完此片後，最印象深刻的片段為何？

4. 這部片有帶給你人生什麼樣的啟發？

欣賞人生好風景

　　如果你一直都在匆忙的趕路，現在可以是你慢下腳步來、聞一聞玫瑰花香的時候。如果想嘗試不做時間的奴隸，可以試試以下的方法：

1. 注意到要把每件事都做完，是不切實際的。
2. 一次只做一件事。
3. 告訴自己慢慢來；好好做的過程比結果重要。
4. 規律地給自己獨處時間。
5. 每天肯定並感激自己已經完成的事情。
6. 每天固定練習及放鬆自己的技巧。
7. 告訴自己：我放下批判的重要，我可以接納事物的本來面貌。
8. 像孩子般遊戲玩耍。

第四單元

理性與非理性想法——
情緒 DEF 事件及練習

快樂學習，並制定美好遠景。即使在過程中必須面對挫折，但只要憑著堅強的意志力，及樂觀開朗之心，則成功終將屬於你。

一、情緒與各領域關係密切

（一）與行為關係

我們對情緒反應是學習而來，從家庭、社會文化、人際互動中產生因應方式。

（二）與認知關係

人在情緒的狀態，個人思考與記憶會受阻──「情緒阻擾」。

（三）與健康關係

情緒會激發個體的生理反應，會直接影響到人體的免疫系統。

（四）與心理狀態關係

有時長期受到負面情緒干擾會誘發精神疾病。

（五）與學業及工作關係

轉業或職場上的競爭、人際與求學方式都受到情緒影響。

二、情緒事件簿

• 在教室的走廊上被錯身而過的「豬頭」瞪一眼。
• 在遭遇挫折或失敗時。
• 與小倩約好放學後在活動中心門口會面，結果小倩爽約不到。
• 課堂上被點到回答問題，卻答不出來。
• 參加考試，怕準備的不充分而對自己沒信心時。

省思4
情緒 ABC

Ellis 之 REBT 想法中，提及情緒 ABC 及 DEF 完整圖。

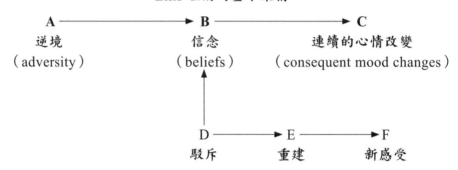

Ellis 理論的基本架構

資料來源：作者自繪。

試著寫下三件會影響你生活的事件，分析這些事件對你的影響。

_____ 的心情點滴

這禮拜有沒有發生什麼事是讓你印象比較深刻？或是情緒比較強烈的？請把它記下來⋯⋯

事件 （逆境）	想法 （信念）	情緒	行為

三、情緒特性

Greenberg 和 Safran（1987）將情緒大概分為四類：

（一）**原始情緒**（primary emotions）：個人對情境此時此刻立即性的直接反應。

（二）**次級情緒**（second emotions）：對於原始情緒與思考的次級反應，常會模糊原始情緒產生的過程，不是針對情境的情緒反應。

（三）**工具式情緒**（instrumental emotions）：為了能影響他人，有些利用哭泣來達到目的。

（四）**學得的不適應情緒**（learned maladaptive primary responses）：因應環境需要而產生的適應情緒，但在環境改變後，原有的情緒反應已不適，但個人仍持續使用。

情緒特性：

• 情緒是由刺激引發的。

• 情緒是主觀的經驗──有時是個人認知判斷的結果。

• 情緒具有可變性。

四、悅讀新天地：《花婆婆》

《花婆婆》（*Miss Rumphius*）

　　1982 年，美國繪本創作者芭芭拉·庫尼（Barbara Cooney）出版 *Miss Rumphius* 一書，隔年獲得凱迪克大獎，1998 年出版中譯本，書名為《花婆婆》。這本書故事旨在世代傳承「做人為善」的美意，畫風唯美、故事動人，不只歐美奉為經典，在臺也廣被傳閱，「花婆婆」一詞成為散播美好的代言，許多閱讀推廣者也以此名自稱自勉。

　　《花婆婆》一書的核心結構，是主角艾莉絲的爺爺在去世前期許她將來做三件事，當中一件是「讓世界更美麗」，於是艾莉絲到處播種魯冰花的種子。等到她臨終前，她也叮囑姪孫女，期許姪孫做一件讓世界更美的事。

資料來源：
辛佳慧（2018）。評論》童書再想想：花婆婆、魯冰花和蘿絲達克。【網路文字資料】。取自 https://www.openbook.org.tw/article/p-18223

⌕ 問題討論

1. 讀完《花婆婆》一書後的感想為何？

2. 如果你未來要做「三件事」，有可能是什麼？

3. 如果想一個方法「讓世界更美麗」，你會想要做什麼？

省思5

價值船

> ✿ **情境敘述：**
>
> 　　在某個風光明媚的下午，有九個人共乘一艘船，他們是 A 先生（55 歲，心臟科權威）、B 先生（36 歲，導演）、C 小妹妹（2 歲）、D 女士（60 歲，負責殘障收容機構的修女）、E 先生（42 歲，銀行總經理）、F 小姐（26 歲，待業中，懷孕的未婚媽媽）、G 先生（58 歲，學校知名的教授）、H 小姐（18 歲，高三考生）、I 先生（78 歲，退休救難員）。
>
> ◎當船將要沉沒時，只能有兩位留在救生艇上，請問該留哪兩位？

五、非理性的想法

　　Ellis 提出十一個影響生活的非理性想法：

（一）　一個人應該被周圍的每一個人所喜歡和稱讚。

（二）　一個人必須能力十足，在各方面都有成就，這樣才有價值。

（三）　有些人是敗壞、邪惡或罪惡的，所以應該受到責罵與懲罰。

（四）　當事情未如己意時，那是很可怕的災禍。

（五）　不幸福、不快樂乃是外界的環境造成，個人是無法控制的。

（六）　我們必須非常關心危險、可怕的事情，而且必須時時刻刻憂慮其危險性和可怕性。

（七）　逃避困難與責任比面對困難、責任容易。

（八）　一個人應該依靠別人，而且需要有一個比自己強的人做依靠。

（九）　過去的經驗與事件決定和影響目前的行為，而且其影響是永不消失。

（十）　一個人應該為別人的難題與困擾而緊張或煩惱。

（十一）每一個問題都僅有一個正確、完善的解答，我必須找到它，不然將是莫大的災禍。

非理性想法的錯誤公式：

（一） 我喜歡如此 → 我應該如此；

（二） 很難 → 沒有辦法；

（三） 也許 → 一定；

（四） 有時候 → 總是：

（五） 某些 → 所有的；

（六） 可惜 → 糟透了；

（七） 我表現不好 → 我不好；

（八） 我煩惱 → 他使我煩惱；

（九） 好像是如此 → 確實是如此；

（十） 到目前為止如此 → 必然永遠如此；

（十一）許多人有這種想法 → 這種想法必定是正確。

六、電影賞析：《尋找失落的一角及遇上大完滿》、《小丑》

《尋找失落的一角及遇上大完滿》（*The Missing Piece Meets the Big O*）

一個關於「追尋」與「自我圓滿」的故事——

失落的一角獨自坐著……

等待著有誰來把它

帶去某個地方。

有的合適……

可惜滾不動。

有的可以滾動，

卻不合適。

有的缺了太多角，

有的又擁有太多。

資料來源：

Daniel Ng（2013）。尋找失落的一角及遇上大完滿 The Missing Piece Meets The Big O【網路影音資料】。取自 https://www.youtube.com/watch?v=THN2IpqPRUY

↻ 問題討論

1. 請說說：你看完此片的心得及想法為何？

2. 你覺得你是那缺了一角的圓，還是那個小角？

3. 你認為在追尋自我和愛情中，該如何平衡？

4. 請提出你看完此片後，最印象深刻的片段為何？它帶給你怎麼樣的啟示？

《小丑》（*Joker*）

　　《小丑》詮釋出一個人的多面向，也道出我們曾堅定以為的事實，可能僅是別人妄想下的虛假。在《小丑》這部電影裡，主角亞瑟（Arthur）期待自己能夠成為喜劇演員，把歡笑帶給身邊的人，而電影裡的畫面也有一幕的背景是卓別林的海報。我覺得在電影裡這句「笑得多不代表快樂多，哭得少不代表痛苦少」，也間接呼應卓別林在《尋子遇仙記》（*The Kid*，又譯：孤兒流浪記）片頭裡的一段文字「一個帶笑的畫面，或許也帶著淚（A picture with a smile - and perhaps, a tear）」。

資料來源：

林俊成（2019）。《小丑》在紅什麼？三周破225億票房，主角亞瑟能教會你的4件事【網路文字資料】。取自 https://www.managertoday.com.tw/columns/view/58504

↻ 問題討論

1. 請說說：你看完此片的心得及想法為何？

2. 你覺得《小丑》帶給你的人生啟示有哪些？

3. 你認為在目前的社會中，還有多少邊緣人在努力追尋生活的平衡？請舉出例子。

4. 請提出你看完此片後，最印象深刻的片段為何？它帶給你日後如何看待自己的重新契機？

世界是一個大舞臺，每個人都是一本書。

一本好書是一個朋友，一個朋友更是一本好書。

書有多少種朋友就有多少類，有的書裝幀精美，有的書樸實無華；有的書只短短幾章，有的書則洋洋灑灑；有的書教我們生活，有的書教我們做人；有的書給我們一時歡愉，有的書讓我們終生受益；有的書激盪感情，有的書催人奮進……

不管哪本書，讀到最後，總有這樣或那樣的一句濃縮的話，這些話足以在我們意志最薄弱的時候支撐起人生。

資料來源：

正能量學苑：戴家圩（2019）。一本好書是一個朋友，一個朋友更是一本好書。【網路文字資料】。取自 https://kknews.cc/essay/gj4jrr9.html

第五單元

人際關係經營及衝突化解

你覺得「你是個什麼樣的人呢？」
請用三個形容詞寫出來。

一、如何做個受人歡迎的人？

- 你怎麼待人，別人就怎麼待你；你滿足別人的需求，別人會同樣回報你。
- 人際關係網的好壞，是一個人受人歡迎與否的指標。
- 佛洛伊德也說：「人是社會產物，非常需要社交活動，亦即『人際關係』。」

練習5
心理地位和溝通型態

1. 我認為讓周遭朋友都快樂，我才會受人歡迎。
2. 當我做錯事時，我常常會感到很內疚。
3. 我很容易順從大多數的意見。
4. 當別人老是做錯事時，我會感到很生氣。
5. 當別人遲到時，我會說：「你怎麼搞的，這麼慢才到！」
6. 有時候，我會對朋友或家人說：「我不是已經講得很清楚了，你怎麼都聽不懂。」
7. 我是一個很理智的人。
8. 我覺得事情都應該有個道理，有一定的原則。
9. 我喜歡就事論事。
10. 在討論功課時，我常常喜歡顧左右而言他。
11. 我不喜歡正式的交談，這會讓我覺得有壓力。
12. 我無法很專心聽別人所說的話。

二、溝通類型

人際關係的四種心理狀態，一起來看看你是屬於哪一種？

伯恩（Berne）的心理地位：

（一）我不好，你好：自怨自嘆，輕視自己，自卑性格類型。

（二）我不好，你也不好：自怨怨人，否定自己且否定他人，純悲觀性格類型。

（三）我好，你不好：自私怨人，推卸責任或輕視他人，自大性格類型。

（四）我好，你也好：不怨天不尤人，重視他人、肯定自己，理想人格類型。

（一）我不好，你好 I am not OK, you are OK.

【特質】：有自卑感、認為自己處處不如別人、壓抑自己、順從別人。

【常說的話】：「都是我的錯！」、「我沒辦法做好」、「你說什麼都好」、「這世界為什麼對我這麼不公平！」。

溝通四類型：討好型。

語詞	情緒	內在	行為
·都是我的錯。 ·沒有你，我一個人不行。 ·我在這，就是為了讓你高興。 ·我必須讓別人快樂。	·無助的 ·弱勢的 ·依賴的 ·內疚的 ·自貶的	·我感到一無是處。 ·我沒有價值。 ·沒有人喜歡我。 ·我必須讓別人快樂，別人才會喜歡我。	·道歉 ·取悅別人 ·屈服 ·乞求 ·撒嬌 ·順從

（二）我不好，你也不好 I am not OK, you are not OK.

【特質】：否定自己也否定別人、自怨自艾、脾氣暴躁、自暴自棄。

【常說的話】：「我對一切都感到絕望！」、「我恨！」、「世上沒有一個好人！」。

溝通四類型：打岔型。

語詞	情緒	內在	行為
·咦！我的銅板怎麼不見了。 ·唉！來點別的，幹嘛鑽牛角尖！ ·跟你說個笑話，那天……	·不規律的 ·動過多的、不合的 ·唐突的	·我覺得有壓力。 ·頭暈眼花。 ·沒有我的位置。 ·我必須引起別人注意。	·莫名其妙 ·牛頭不對馬嘴 ·顧左右而言他，干擾、聲東擊西 ·俏皮、幽默、機智

溝通四類型：超理智型。

語詞	情緒	內在	行為
·按照過去的經驗來看。 ·依據目前的資料分析。 ·一切都應該有個道理，有個規矩。 ·大家都理智就沒錯。	·固執的 ·就事論事的 ·有原則的 ·強迫的 ·正確的 ·講理的	·我必須讓別人知道我是很聰明、頭腦清楚、很講道理的。 ·我其實很容易受傷。 ·我不喜歡「情緒」，所以表現出沒有感覺的樣子。	·優越感 ·操作、規律、有原則、理性化、理智化 ·權威、獨斷、固執僵化

（三）我好，你不好 I am OK, you are not OK.

【特質】：態度傲慢自大，不信任別人，喜歡責備、批評和嘲笑別人。

【常說的話】：「只有我行，別人都不行。」、「我很好，都是別人的錯！」、「這裡的缺點是……」。

溝通四類型：責備型。

語詞	情緒	內在	行為
·你從來沒做對。 ·你怎麼搞的。 ·都是你的錯。 ·我不是已經講得很清楚，你怎麼……	·憤怒的 ·不滿的 ·疑神疑鬼的 ·叮嚀的 ·孤單的	·沒有人關心我。 ·除非我這樣大叫，否則沒有人把我當人看。 ·我是寂寞且失敗的。	·攻擊 ·評斷 ·不同意 ·找碴 ·高姿態

（四）我好，你也好 I am OK, you are OK.

【特質】：肯定自己也肯定別人，懂得欣賞與讚美他人，尊重自己和別人的差異，有耐性、溫和。

【常說的話】：「真好！」、「謝謝你」、「我認為……，你呢？」、「我要……，你要嗎？……」。

薩提爾模式（Satir Model）：

（一）討好型溝通。

（二）指責型溝通。

（三）超理智型或電腦型溝通。

（四）打岔或混亂型溝通。

（五）一致型或成熟型溝通。

 省思6
假如我是……

1. 假如我是一種動物，我希望是＿＿＿＿＿＿，因為＿＿＿＿＿＿＿＿。
2. 假如我是一朵花，我希望是＿＿＿＿＿＿，因為＿＿＿＿＿＿＿＿。
3. 假如我是一棵樹，我希望是＿＿＿＿＿＿，因為＿＿＿＿＿＿＿＿。
4. 假如我是一種食物，我希望是＿＿＿＿＿＿，因為＿＿＿＿＿＿＿＿。
5. 假如我是一種交通工具，我希望是＿＿＿＿＿，因為＿＿＿＿＿＿＿＿。
6. 假如我是一種電視節目，我希望是＿＿＿＿＿，因為＿＿＿＿＿＿＿＿。
7. 假如我是一部電影，我希望是＿＿＿＿＿＿，因為＿＿＿＿＿＿＿＿。
8. 假如我是一種樂器，我希望是＿＿＿＿＿＿，因為＿＿＿＿＿＿＿＿。
9. 假如我是一種顏色，我希望是＿＿＿＿＿＿，因為＿＿＿＿＿＿＿＿。
10. 假如我是一種神祇，我希望是＿＿＿＿＿＿，因為＿＿＿＿＿＿＿＿。

三、人際溝通的模式

分為互補式溝通（complementary transaction）、交錯式溝通（crossed transaction）和曖昧式溝通（ulterior transaction）。

人際溝通的障礙三大類：

（一）裁判（批評、命名或標籤、診斷、評價性的讚美）。

（二）提供解決的方法（命令、威脅、說教、過多或是不當的詢問、忠告）。

（三）忽略他人所關心的重點（安慰轉向、邏輯推論、保證）。

四、電影賞析：《永不妥協》

《永不妥協》（ *Erin Brockovich* ）

　　本片依循著兩條主線進行，一是一個教育程度不高，更遑論受過任何法學訓練的女助理，如何在險惡、陽剛、心計與權欲重重的法學與商界，以執著、勇氣與真情，勇闖出一片天地；另一則是一個單親媽媽，如何在工作與家庭無法妥善兼顧的兩難與煎熬下，面對男友、孩子，甚至自己真正的需要。

　　本片由 1993 年真人實事所改編，主要描述一位離婚且經濟窘迫的單親媽媽，在一間律師事務所當助理時，偶然發現當地電力公司所造成的水污染，嚴重影響居民的健康，秉持著她永不妥協的道德勇氣，在歷經種種阻撓與挫折，甚至犧牲愛情及陪伴孩子成長的時光，全心全意的投入與 PG&E 這間大型企業的訴訟後，終能為受害居民爭取應得的權益與賠償，也重新認識肯定自我的價值。

資料來源：
法操司想傳媒（2018）。《永不妥協》：這份工作，是我第一次感受被人尊重的滋味【網路文字資料】。取自 https://www.follaw.tw/f-comment/15549/

⌐ 問題討論

1. 你看完本片的想法為何？你覺得最吸引你的地方是什麼？

2. 本片有重要的法律問題：「PG&E 代表辯稱：沒有證據證明，PG&E 添加六價鉻污染水源，是直接造成居民生病的原因。」你聽到如此說辭，你會如何做？

3. 你如何看待這宗重大賠償案？你是否也曾聽聞過相關訊息？請提出你的看法來。

4. 如果你是一位單親媽媽，又遇到工作與家庭兩難的情形，你會如何處理？

五、衝突之產生與解決

如果我們能認真思考「人生是什麼」？

如果我們能昨日不多說那句話就好了？

如果～～

人生總有太多的「如果」，

如果我們都能很清楚，是不是太沒有樂趣呢？

如果我們都能活在當下，是否會快樂呢？

「如果」，這就是人生的答案呢？！

而你的答案又是什麼？

（一）衝突產生因素

在團體中產生的原因：

1. 目標不相容

即便是在家庭中，發現夫妻兩人為教養孩子、經濟問題，甚或如何奉養長上都有不同的思考和想法。如果不能平時就建立起良好的溝通機制，衝突是在所難免。

2. 意見或價值觀不一致

在組織內彼此意見和價值觀會產生不一致是很常見的事，但是我們有時經過「腦力激盪」或者是共同的討論，會達到某些暫時性的共識。

3. 競爭稀少的資源

企業內部所擁有的資源是有限的，企業在運用時，必須能找到最大效益與收入的投資，若是要組織內資源公平的分配，那是不可能的。

現今多數的研究報告顯示，雖然我們有《性別工作平等法》的保障，但還是會出現「職業隔離」的現象。

在升遷、任用上，女性較為吃虧，這也是我們所稱的「玻璃天花板」效應。

（二）處理人際衝突的方式

	不合作	合作
武斷的	強迫	妥協
自我關注的	折衷	
	迴避	遷就
不武斷的		

資料來源：MBA 智庫‧百科（2012）。托馬斯解決衝突二維模式【網路文字資料】。取自 https://wiki.mbalib.com/zh-tw/%E6%89%98%E9%A9%AC%E6%96%AF%E8%A7%A3%E5%86%B3%E5%86%B2%E7%AA%81%E4%BA%8C%E7%BB%B4%E6%A8%A1%E5%BC%8F

1. 迴避模式

迴避模式指不武斷和不合作的行為。個體運用這種模式來遠離衝突、忽視爭執，或者保持中立。迴避模式反映了對緊張和挫折的反感，而且可能包括讓衝突自己解決的決定。

2. 強迫模式

強迫模式指的是*武斷和不合作*的行為，同時也代表了對人際衝突的贏－輸方

法。這一模式包括強制性權力和控制的方面。強迫模式也會導致他人不利的評價。

強迫模式的個體認為衝突解決意味著非贏即輸。

3. 遷就模式

遷就模式指的是合作和不武斷的行為。遷就代表了一個不自私的行為、一個長期的被他人所鼓勵的合作策略，或者是對其他人願望的服從。運用遷就模式的個體是典型的被他人給予積極評價的人，但是他們也會被認為是軟弱和順從的。

(1) 退縮：指身體上或心理上使自己抽離衝突的情境。

(2) 投降：指放棄以避免衝突。

(3) 攻擊：指運用身體或口語的脅迫來達到目的的方法。

(4) 說服：試圖以事實或理由改變別人的態度或行為，以獲得和解的方法。

(5) 討論：為問題解決式的討論，即指字斟句酌仔細考慮衝突問題的正反面，並開放雙方平等地提出看法。

（三）害怕衝突的文化

1. 文化中「以和為貴」的精神。

2. 缺乏「長期導向」的客觀思維。

3. 缺乏學習經驗。

4. 生命中既有的創傷經驗。

（四）面對衝突的「洞察力」觀點

1. 誠實面對自己，不要跟自己玩「心理遊戲」。

2. 用「平常心」處理「認知失調」所引發的衝突。

3. 找到自己的「非理性」思考或偏好，並且把它「delete」。

4. 人與事分開、人與問題脫鉤來看。

While you meet something beautiful, the first thing you should do is to share it with your friends anywhere. So that these beautiful things will be able to spread out liberally around the world.

當你遇見美好的事物時所要做的第一件事，就是把它分享給你四周的人。這樣，美好的事物才能在這個世界上自由自在的散播開來。

六、悅讀新天地：快樂的 15 個習慣

快樂的 15 個習慣

「習慣」是一種生活中的節奏，對生涯有關鍵性影響。

作者在書中介紹他一直視為寶物的 15 個習慣。乍看之下都是再簡單不過的事，卻全是讓心靈、身體變得純淨、健康的好習慣。相反地，壞習慣會動搖一個人的身、心、靈，繼而產出身體與心靈上的疾病。也就是說，一個人乃由習慣所造就，身心皆然。

日野原重明相信，那些願意克服自己的缺點或弱點，並習慣存著「一切都會變得更美好」的正面想法的人，在人生中的任何時刻，都能夠展現樂於堅持的強大毅力。如果在年輕時就養成挑戰新事物的習慣，發覺自身才華的機會也會隨之增加。那麼，一生中就可以看見無數次繁花盛開的瑰麗風景。

· 快樂的 15 個習慣：

習慣 1　心中永保愛。

習慣 2　抱持「一切都會變得更美好」的正面想法。

習慣 3　挑戰新事物。

習慣 4　鍛練自己的專注力。

習慣 5　向心目中的典範學習。

習慣 6　感受他人的心情。

習慣 7　珍惜有緣相逢的所有人、事、物。

習慣 8　比八分飽再少一些。

習慣 9　對飲食不要過於神經質。

習慣 10　能走路就走路。

習慣 11　與更多同好享受運動時光。

習慣 12　正面思考。

習慣 13　調節壓力。

習慣 14　反身自省，要求自己（責任總是在我）。

習慣 15　不要盲目、非理性地遷就於習慣。

資料來源：

Cheers 快樂工作人雜誌（2012）。快樂的 15 個習慣！【網路文字資料】。取自 https://www.cheers.com.tw/article/article.action?id=5031504

↳ 問題討論

1. 以上的習慣你做到了幾項？你如何做到的？請分享給你的家人和朋友知道。

2. 你想之後從哪些習慣下手，對你才能比較容易做到呢？

自我情緒管理 EQ 測驗

◎**計分方式**：有非常不同意、不同意、沒意見、同意、非常同意五個選項，請依照
自身情況做評分。

題項	非常不同意 1	不同意 2	沒意見 3	同意 4	非常同意 5
1. 當別人冒犯到我，我會先嘗試瞭解對方的想法及情緒狀態再思考如何回應。					
2. 當陷入憂愁時，我會很努力地試試各種方法，讓自己在短時間內恢復正常。					
3. 我很容易就能察覺出他人真正的情緒狀態。					
4. 朋友們都喜歡找我傾訴他們的問題。					
5. 我常仔細觀察人們的言行舉止。					
6. 無論何種社交場合，我都能快速融入其中。					
7. 即使內心充滿焦慮，我卻能做到不形於色。					
8. 朋友常說我是個幽默感十足的人。					
9. 我認為一個人的個性及脾氣是可以因場合來做調整。					
10. 即使生氣時，我也不常做出令人後悔的行為。					
11. 每當工作繁忙時，我大致仍然可以保持愉快的心情。					
12. 我所訂的目標大多可以達到。					
13. 當事情發展不如預期，我不會因此覺得挫折而自責。					
14. 我不會為了一時的想法而改變先前已訂定的計畫。					
15. 我很容易當面稱讚他人。					
16. 對於沒有禮貌或沒有風度的人，我也不會受到影響。					
17. 與人發生意見不合時，我會評估對方的意見。					

資料來源：網路資訊。

◎自我檢測－分析描述

1. **70 分以上**：你對自我情緒的管理有很好的控制能力，能明確認知自身的真切感受，保持情緒的穩定，且能辨識對方的情緒反應模式，人際關係圓融。

2. **50-69 分**：大致上你對情緒的管理能力還不錯，具有成為 EQ 高手的潛力。

3. **30-49 分**：往往無法察覺自己的情緒狀態，對自己或別人的情緒較常用忽視或壓抑的方式來處理。

4. **30 分以下**：對情緒的管理能力較不好，無法掌握自己的情緒狀態，控制情緒的能力也較缺乏，較無法同理他人的感受，而影響人際關係。

第六單元

壓力模式與影響——
常見壓力疾病（生理）

向日葵看不到太陽也會開放，生活看不到希望也要堅持。

天空，不是每天都放晴；生活，不是時時都歡喜。

向日葵經歷了風雨，站在陽光下更顯燦爛；人生嚐盡了百味方覺甜更甜。

偶爾隱匿的陽光，再來時更溫暖；撲朔迷離的希望，出現時才令人驚喜。

保持樂觀的心態，走著走著天就亮了，愛著愛著幸福就來了，其實人生就如此簡單美麗。

資料來源：
正能量學苑：心語雨露（2019）。向日葵看不到太陽也會開放，生活看不到希望也要堅持。【網路文字資料】。取自 https://kknews.cc/essay/eygnx6n.html

一、馬斯洛層次需求論

馬斯洛的需求層次

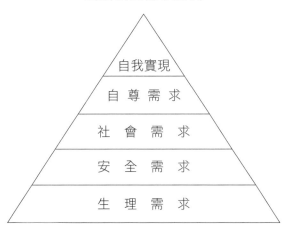

自我實現

自尊需求

社會需求

安全需求

生理需求

資料來源：作者自繪。

二、社會滲透理論

- 社會滲透過程解釋了親密關係如何發展。
- 個人就像洋蔥一樣，愈外圍的，愈屬於公開的、明顯可見的，如外貌、基本生平資料等；愈內層的，愈是個人獨特之處，是個人價值和情感認同所在。
- 關係愈親密者，談論話題會愈滲透至核心層面，個人自我揭露愈深，亦會與對方產生親密感。

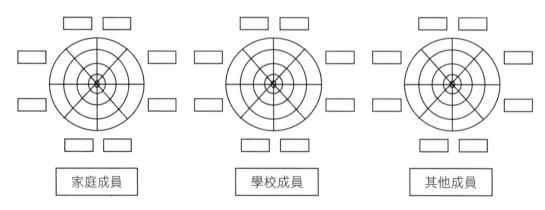

<table>
<tr><td>家庭成員</td><td>學校成員</td><td>其他成員</td></tr>
</table>

資料來源：作者自繪。

三、壓力模式與影響

（一）何謂壓力？

1. 壓力是「生活中任何會讓我們感到擔心、難過、緊張的事件」（姚林生，2005）。
2. Seley 認為壓力是指當一個事件（或外界的一種刺激）使一個人產生不同於平常的行為反應，此時這個人必須決定面對這樣事件（刺激）的方式，而這個事件或刺激就會對這個人帶來一種壓力（蔡秀玲等，1999）。
3. Lazarus 與 Susan Folkman（1984: 19）定義心理壓力為「個人與環境之間的特別關係，藉由個人的評價將其視為重擔或超過他或她所能負荷，且危及他或她的健康」。

（二）壓力來源

1. **來自身體**：身體生病了或身體老化、功能退步了等等。
2. **來自家庭**：家人發生變動（例如：生病、死亡、出生、失業、結婚）、不良的家人相處關係（例如：爭吵、批評、拒絕、過度保護）、經濟困難等等。
3. **來自工作**：對工作不滿意，與主管及同事的相處關係不好、失業等等。
4. **來自環境**：環境污染、噪音、擁擠等等。
5. **來自社會**：治安差、政治經濟不穩定、受到外國威脅等等。
6. **來自個性**：愛競爭、急性子、完美主義、思想缺乏彈性、孤僻、要求過高、對事件認知及忍受程度、面對壓力的因應能力等等。

7. **來自生活方式**：作息混亂、飲食不固定、睡眠不夠、抽菸、喝酒、不運動等等。

8. **個人能力與期待**：例如解決問題的能力、處理人際關係的技巧、個人的抱負與理想、社會文化的傳統或期待、個人在社會中的支持等等。

9. 壓力事件本身、生命歷程中所遭遇的失落。

- T. H. Holmes 與 R. H. Rahe 發展出「社會再適應量表」（Social Readjustment Rating Scale, SRRS）。
- Rahe 以結婚為五十個生活變動單位（Life-Change Units, LCU），列出人們可能經歷的生活變動事件，並計算個人某時期所承受壓力的量，發現重大生活事件與疾病之間存有微弱正面的關聯。

 練習6
生活事件壓力量表

生活事件改變與壓力程度表：此為生活事件與壓力程度的測驗。

請仔細想想，以下列舉的生活事件在**過去一年內**是否曾經發生，請在「發生」欄打「○」並填上分數，將每一項發生事件的分數全部加起來即為總分。

總分：＿＿＿＿＿＿

事件	生活事件	事件壓力程度價值（分數）	發生次數 × 分數
1.	配偶死亡	100	
2.	離婚	73	
3.	分居（婚姻）	65	
4.	入獄	63	
5.	近親或家庭成員死亡	63	
6.	個人疾病或受傷	53	
7.	結婚	50	
8.	被解僱	47	
9.	破鏡重圓	45	
10.	退休	45	
11.	家人的健康情形改變	44	
12.	懷孕	40	
13.	性困難	39	

事件	生活事件	事件壓力程度價值（分數）	發生次數 × 分數
14.	家庭成員增加（新生兒降臨）	39	
15.	事業再適應	39	
16.	經濟狀況改變	38	
17.	好友死亡	37	
18.	換不同的工作	36	
19.	與配偶爭執的次數改變	35	
20.	房屋貸款超過美金1萬元（註：數額依各地狀況改變）	31	
21.	抵押品贖回權被取消	30	
22.	工作職責的改變	29	
23.	子或女離家	29	
24.	與姻親發生衝突（或有問題）	29	
25.	個人非凡的成就	28	
26.	妻子開始或停止工作	26	
27.	學校開始或結束	26	
28.	生活起居、環境等的改變	25	
29.	改變個人習慣	24	
30.	與上司不合	23	
31.	工作時間或條件改變	20	
32.	搬家	20	
33.	轉學或重回學校	20	
34.	改變休閒習慣	19	
35.	改變宗教活動	19	
36.	改變社交活動	18	
37.	新增小額的貸款	17	
38.	睡眠習慣改變	16	
39.	家人團聚次數改變	15	
40.	飲食習慣改變	15	
41.	重要節日或假期	13	
42.	聖誕節（新年）	12	
43.	輕微違法（如交通罰單）	11	
總分			

資料來源：Holmes, T. H., & Rahe, R. H. (1967). The Social Readjustment Rating Scale. *Journal of Psychosomatic Research*, 11, 213-218.

◎分數解釋：

低於149分	風險程度：一般 大約有30%的機會罹患身心疾病。
150-299分	風險程度：中等 大約有50%的機會罹患身心疾病。
300分以上	風險程度：較高 大約有80%的機會罹患身心疾病。

（三）壓力大出現的狀況

1. 生理指標

(1) 頭痛的頻率與強度增加，若非生理因素引起，則很可能是壓力反應。

(2) 肌肉緊繃，通常發生在頭部、頸部、肩膀與背部。

(3) 皮膚顯得太過乾燥、出現斑點或過敏反應。

(4) 消化系統出問題，例如胃潰瘍等。

(5) 心跳急促、胸痛等。

　　A型性格行為或身心疾病（狹心症、高血壓、消化性潰瘍、偏頭痛、緊張性頭痛、氣喘、風濕性關節炎、免疫功能失調、肌肉骨骼疾病）。

2. 情緒指標

(1) 容易生氣、沒有耐心。

(2) 覺得憂鬱、意志消沉。

(3) 當外在要求超過自己的能力時，容易產生失控感，對自己失去信心。

(4) 有太多要求加諸於己，因而感到心力枯竭、缺乏熱情。

(5) 有疏離感。

　　情緒（恐懼、憂鬱、罪惡感、憎恨、批評、攻擊、焦慮）。

3. 心理指標

(1) 因為有太多事情縈繞心頭而無法專注。

(2) 即使是日常瑣事，也常猶豫不決。

(3) 記憶力變差。

(4) 壓力會影響判斷力，若你常做出錯誤決定，須考慮壓力的影響。

(5) 對自己與自己的處境採負面思考。

A. 感受：挫折、威脅、衝突。

B. 自我否定的信念：內在自我歸因、個人標籤化。

C. 學習得來的無助感：自我放棄。

4. 行為指標

(1) 經常睡不好，失眠或需要睡很久。

(2) 為了抒解壓力，而比平常喝更多的酒、抽更多的菸。

(3) 性需求下降，可能又因此變化而引發憂慮，影響親密關係。

(4) 從人際關係中退縮。

(5) 很難放鬆、坐不住。

練習7
身心壓力反應問卷

說明：請將下列最能代表你身體症狀出現頻率做勾選，並計算總分。總分：＿＿＿＿

	從未有過	很少 （六個月內超過一次以上）	偶爾 （每月一次左右）	經常有 （每週一次左右）	連續不斷 （每週一次以上）
1. 緊張性頭痛	1	2	3	4	5
2. 偏頭痛	1	2	3	4	5
3. 胃痛	1	2	3	4	5
4. 血壓增高	1	2	3	4	5
5. 手腳冰冷	1	2	3	4	5
6. 胃酸過多	1	2	3	4	5
7. 淺而急促的呼吸	1	2	3	4	5
8. 腹瀉	1	2	3	4	5
9. 心悸	1	2	3	4	5
10. 手顫抖	1	2	3	4	5
11. 打嗝	1	2	3	4	5
12. 喘氣	1	2	3	4	5
13. 尿急	1	2	3	4	5
14. 手腳出汗	1	2	3	4	5
15. 皮膚多油	1	2	3	4	5
16. 疲倦／筋疲力竭	1	2	3	4	5
17. 氣喘吁吁地	1	2	3	4	5
18. 口吃	1	2	3	4	5
19. 手發抖	1	2	3	4	5
20. 背痛	1	2	3	4	5
21. 頸部僵硬	1	2	3	4	5
22. 咬口香糖	1	2	3	4	5
23. 磨牙	1	2	3	4	5
24. 便祕	1	2	3	4	5
25. 胸腔或心臟緊縮	1	2	3	4	5

	從未有過	很少 （六個月內超 過一次以上）	偶爾 （每月一次 左右）	經常有 （每週一次 左右）	連續不斷 （每週一次 以上）
26. 慵懶	1	2	3	4	5
27. 反胃／嘔吐	1	2	3	4	5
28. 月經煩惱	1	2	3	4	5
29. 皮膚出現斑點	1	2	3	4	5
30. 心臟蹦蹦跳	1	2	3	4	5
31. 大腸炎	1	2	3	4	5
32. 氣喘	1	2	3	4	5
33. 消化不良	1	2	3	4	5
34. 高血壓	1	2	3	4	5
35. 換氣頻頻	1	2	3	4	5
36. 關節炎	1	2	3	4	5
37. 皮膚疹	1	2	3	4	5
38. 咽喉痛	1	2	3	4	5
39. 食物過敏	1	2	3	4	5

資料來源：潘正德（譯）（1995）。**壓力管理**（原作者：Jerrold S. Greenberg）。臺北市：心理。（原著出版年：1989 年）

◎**總分說明：**

50 分以下	你正處於正常壓力狀態中， 建議繼續保持身心健康。
51-119 分	你的壓力狀態偏高， 建議尋求專業協助或自我減壓。
120 分以上	你正處於**過高**的壓力狀態中， 強烈建議立即尋求專業治療。

* 本量表僅供自我檢測，無法取代專業醫療人員之診斷與建議。

四、常見的壓力疾病

 練習8
壓力人格量表（A 型與 B 型人格行為特徵）

請依照你的直覺，圈選下列最適合描述你平時行為的分數。

跟人的約定時間很彈性	1	2	3	4	5	6	7	8	9	10	11	從來不遲到
是個好的傾聽者	1	2	3	4	5	6	7	8	9	10	11	會打斷別人說話
永遠從容不迫	1	2	3	4	5	6	7	8	9	10	11	永遠匆匆忙忙
能耐心等待	1	2	3	4	5	6	7	8	9	10	11	無法耐心等待
做事情漫不經心	1	2	3	4	5	6	7	8	9	10	11	做事情全力以赴
一次只做一件事	1	2	3	4	5	6	7	8	9	10	11	手上同時做許多事
說話緩慢、不慌不忙	1	2	3	4	5	6	7	8	9	10	11	說話有力（有時會敲桌子）
做事情不管別人怎麼想，注重自我的感受	1	2	3	4	5	6	7	8	9	10	11	做事情在乎別人的認同
做任何事情動作很慢	1	2	3	4	5	6	7	8	9	10	11	做任何事情動作很快
態度很隨和	1	2	3	4	5	6	7	8	9	10	11	態度很強硬
能自由地表達情緒	1	2	3	4	5	6	7	8	9	10	11	隱藏自己的情緒
除工作外，對許多事情感興趣	1	2	3	4	5	6	7	8	9	10	11	對工作外的事情幾乎不感興趣

資料來源：網路資訊。

◎總分說明：

13-64 分	極端 B 型人格（非常不容易感受壓力）。
65-90 分	B 型人格（不容易感受壓力）。
91-103 分	A 型人格（容易感受壓力）。
104-132 分	極端 A 型人格（非常容易感受壓力）。

A型人格行為特徵	B型人格行為特徵
1. 雄心勃勃，爭強好勝，對自己寄予極大的期望；	1. B型人格者，可以同時又愛又恨一個人或一件事（同時喔！）
2. 苛求自己，不惜任何代價實現目標；	2. B型人格者，很容易分化群眾，他們具有高度煽動力，以及明顯且不合理的假想敵。
3. 以事業上的成功與否，做為評價人生價值的標準；	3. B型人格者的意見變化之快，往往讓所有人措手不及。
4. 把工作日程排得滿滿的，試圖在極少的時間裡，做極多的工作；	4. B型人格者不太會受到社會規範的限制，他們討厭權威，但不知道自己本身就很渴望成為權威。
5. 終日忙忙碌碌、緊緊張張，不知道放鬆自己，極不情願把時間花在日常瑣事上。	5. B型人格通常不畏懼失敗，毅力十足，但是只做表面功夫而已，他們懂得怎麼把心力花在刀口上，有投資，當然要有所回報囉！
A型人格的人，由於對自己期望過高，以致在心理和生理上，負擔都十分沉重。他們被自己頑強的意志力所驅使，抱著「只能成功，不能失敗」的堅定理念，不惜犧牲自己的一切，乃至寶貴的生命，拼命直奔超出自己實際能力的既定目標。由於他們長期生活在緊張的節奏之中，其思想、信念、情感和行為的獨特模式，源源不斷地產生內部的緊張和壓力。	6. B型人格喜歡在聚光燈下的舞臺上，最好是語不驚人死不休。只要有觀眾，B型人格就滿意了，至於觀眾反應如何，B型人格是根本不在乎的。
	7. B型人格的人際關係不好，酒肉朋友多，但是知心朋友可說沒有。而且會有一定程度的被害妄想，也會不斷堤防外界，但不會有A型人格那麼嚴重。

（一）生理相關疾病成因及治療方式

疾病	可能出現的狀況及治療
甲狀腺亢進	• 甲狀腺位於頸部喉結下方，有如蝴蝶狀的腺體是影響最廣的內分泌腺，身體每個器官的新陳代謝都受到甲狀腺的影響，包括心臟、肌肉、眼睛、骨骼、皮膚、情緒等等，這也是為什麼甲狀腺亢進症狀多樣的原因。 • 正常人的甲狀腺功能隨著年齡、性別和環境的改變而發生一定變化，一旦甲狀腺體積過大、過小，或產生結節，或分泌過多、過少的荷爾蒙則皆屬病態的表徵。甲狀腺機能亢進就是甲狀腺分泌過多所致；反之則為低下症。 • 藥物治療。 • 放射性碘（原子碘）。 • 手術切除。

疾病	可能出現的狀況及治療
頭痛	**頭痛分哪幾類？** **一、緊張性頭痛：** （一）緊張性頭痛的症狀 　　大多數人一生中都曾有緊張性頭痛的經驗；兒童也有可能出現此頭痛症狀；女性高於男性，但是每個人的症狀大致相同： 1. 整顆頭感覺像是被壓縮帶緊緊包住般地疼痛。 2. 輕至中度疼痛，但不嚴重。 3. 疼痛會持續30分鐘到數天不等。 4. 許多緊張性頭痛的患者會每個月發作一到兩次，不過頭痛是唯一惱人的症狀，而且你可以積極控制。 （二）緊張性頭痛原因與控制 1. 緊張性頭痛與肌肉有關，包括疲勞、天氣、特定食物以及女性的月經週期等原因都會引起頭痛發作，然而最重要的因素仍與緊張有關。 2. 坐姿不正確或斜眼看書，導致頭皮或頸部肌肉出現生理性緊張。 3. 焦慮與壓力導致的情緒性緊張。 4. 經常運動—— 5. 放鬆以及控制壓力—— 6. 避免誘發因素——特定食物、姿勢不良、壓力或焦慮、眼睛疲勞及飢餓等原因都會引起緊張性頭痛。 **二、偏頭痛：**
消化性潰瘍	

疾病	可能出現的狀況及治療
胃食道逆流	
失眠	
大腸激躁症	
過度換氣症候群	
飲食障礙	

五、電影賞析：《命運好好玩》

《命運好好玩》（Click）

　　哥倫比亞影業的最新喜劇《命運好好玩》，描述一個一直想要成功的建築師麥可紐曼（亞當山德勒飾），買了一個遙控器，沒想到這個遙控器不但能遙控電視，還幾乎遙控了他整個人生。

　　麥可紐曼有個美麗的老婆唐娜（凱特貝琴薩飾），還有兩個可愛的小孩，班（約瑟夫卡斯塔農飾）和莎曼珊（譚頓麥肯飾）。不過他和家人相處的時間並不多，這都是因為他把全部的心力都投入在他的建築設計工作上，還巴望他不知感恩的頂頭上司（大衛赫索霍夫－霹靂遊俠李麥克飾）有一天能看到他的努力，然後找他合夥。只要他成功，就能和老婆小孩共享天倫之樂了！

資料來源：
法蘭克（2017）。[電影評論]Click命運好好玩2006- 請珍惜身邊值得珍惜的人們【部落格文字資料】。取自 http://ck960684.pixnet.net/blog/post/54649419

↳ 問題討論

1. 當你也過著被工作壓迫的生活，在工作和家人間，你會選擇什麼？

2. 當你拿到神奇的遙控器後，倒帶、暫停、快轉等功能中，你最喜歡哪一個？

3. 當你事業得意，卻逐漸失去家人或者記憶功能失控後，你會有何感受？

人一輩子很短！錢沒了可以再賺，但時間走了就回不來了……

所以身邊的人們要相互珍惜，因為每個人的時間越來越少。

不要爭執，不要鬥氣；好好說話，相互理解；善待親人，理解朋友，珍惜一份感情；沒有心機，只有真心，微笑度過每一天。

因為一輩子不長，人活著本身就很累，何苦要為難彼此，下輩子未必能遇上……

看人長處，幫人難處，記人好處，路才會越走越寬！

資料來源：
正能量學苑：於子 MV（2018）。一輩子真的很短很短。【網路文字資料】。取自 https://kknews.cc/zh-tw/essay/86br6ye.html

第七單元

壓力模式與影響——
常見壓力疾病（心理）

認識人生系統

· 人生系統的發展可以經由各個不同階段，所達成自我建立整體的人生系統
　及價值觀。

· 人生的成熟是由無知到有知、企圖到全知、圓融的人生系統。

練習9
兒童青少年壓力量表

說明：下表所列的人、地或事中，圈選出你所感受到的壓力程度的數字代號。

壓力來源	壓力程度				
	沒有壓力	輕微的壓力	中等程度的壓力	很大的壓力	極度沉重的壓力
1. 某個特定的老師	1	2	3	4	5
2. 學校中的幫派人物	1	2	3	4	5
3. 某個特定的科目	1	2	3	4	5
4. 覺得自己沒有其他同學聰明	1	2	3	4	5
5. 害怕失敗	1	2	3	4	5
6. 沒能入選某個校隊或團體	1	2	3	4	5
7. 擔心被同學愚弄或欺負	1	2	3	4	5
8. 無法達成父母或師長的期望	1	2	3	4	5
9. 擔心將來無法進入好的學校	1	2	3	4	5
10. 擔心自己以後不知從事哪個工作	1	2	3	4	5
11. 擔心父母會離婚或再婚	1	2	3	4	5
12. 被姐妹或兄弟傷害	1	2	3	4	5
13. 被其他家庭成員傷害	1	2	3	4	5
14. 沒有足夠的零用錢或生活費	1	2	3	4	5
15. 沒有得到應有的注意	1	2	3	4	5
16. 因缺乏管教而易惹麻煩	1	2	3	4	5
17. 沒有得到充分的關懷與愛	1	2	3	4	5
18. 父母親吵架或打架	1	2	3	4	5
19. 家庭成員的健康狀況欠佳	1	2	3	4	5
20. 自己的健康狀況欠佳	1	2	3	4	5
21. 失去某個要好的朋友	1	2	3	4	5
22. 沒有足夠的朋友	1	2	3	4	5
23. 遭到某個朋友的拒絕	1	2	3	4	5

壓力來源	壓力程度				
	沒有壓力	輕微的壓力	中等程度的壓力	很大的壓力	極度沉重的壓力
24. 受到某個朋友的欺騙或背叛	1	2	3	4	5
25. 某個朋友在背後說我壞話	1	2	3	4	5
26. 感覺不被接受或不受歡迎	1	2	3	4	5
27. 父母不喜歡我的某個朋友	1	2	3	4	5
28. 我擔心自己沒有男（女）朋友	1	2	3	4	5
29. 不知如何結交朋友	1	2	3	4	5
30. 不知該如何維護自己的權利	1	2	3	4	5

資料來源：張子正等（譯）（1998）。**青少年團體諮商：生活技巧方案**（原作者：Morganett, R. S.）。臺北市：五南。（原著出版年：1990 年）

◎總分說明

30-45 分	孩子感受到適度的壓力，所需要的是父母在情緒上無條件的支持。只要沒有出現異於往常的行為或情緒反應，父母應該可以放心。
46-60 分	孩子感受到略大的壓力，父母應該營造一個可讓孩子抒發情緒的環境。多傾聽他（她）心裡的話，或是安排一趟開心的旅遊，都是可以考慮的方式
61-75 分	孩子感受到強大的壓力，並可能已經出現異於往常的行為或情緒反應。父母應該考慮帶他（她）立即尋求專業的心理諮商服務，以維護孩子的身心健全發展。
76 分以上	孩子長期感受到強大的壓力，內心壓抑強烈的情緒與不安。父母跟孩子應該立即尋求專業的心理諮商服務，以維護孩子的身心健全發展。

一、心理疾病成因與治療

疾病	可能出現的狀況及治療
廣泛性焦慮症	・**廣泛性焦慮症**：以焦慮為主要症狀的疾病。 ・「廣泛性」是一種長時間的、持續性的焦慮。患者幾乎每天都處在高度焦慮中，有如驚弓之鳥，即使是小事也會讓他擔憂。 ・這樣的憂慮是難以抑遏、無法控制的，往往還會伴隨著很多身體上症狀，諸如：肌肉緊繃、坐立難安、失眠、冒汗、呼吸急促、腹瀉等等。 1. **焦慮**：一種模糊的情緒，讓我們感到不舒服，卻又難以明白指出哪邊不對勁，嚴重影響生活。 2. **肌肉緊繃**：會帶來坐立難安、頭痛、四肢痠痛的症狀。患者常會感到頭痛欲裂、渾身不對勁。 3. **交感神經過度興奮**：大量的正腎上腺素與腎上腺素進入血液，會讓心跳變快、呼吸急促、心悸、冒汗、腹部不適、噁心、嘔吐、腹瀉。 4. **認知功能障礙**：暴躁易怒、無法放鬆、注意力下降、記憶力減退。

第一階段	第二階段	第三階段	第四階段
輕度焦慮 與個人日常生活之緊張有關，在此階段個人是警覺的，其認知範圍（視覺、聽覺、觸覺）亦較平常增加。	中度焦慮 個人會將注意力集中在自己最關心的事物，認知範圍侷限在其視、觸覺所感受到的範圍，傾向於選擇性注意。	重度焦慮 個人的認知範圍明顯縮小，過分的專注於事件的瑣碎細節而無法做其它的思考，所有的行為是為了致力於減低焦慮。個人主訴身體症狀的程度增高，如：頭痛、冒冷汗、肌肉極度緊張、暈眩、失眠。	恐慌 一種可怕、驚恐及駭人的感覺。個人會喪失自我控制感、全身發抖、臉色蒼白、冒冷汗，即使在他人的引導下也無法完成任何事，甚至造成人格的瓦解、無法執行原有功能。常見的焦慮障礙精神疾病。

疾病	可能出現的狀況及治療
恐懼症	• 對某種事物或情境產生強烈的恐懼； • 常伴有明顯的身體症狀，如頭暈、心悸、出汗等； • 對恐懼的事物和情境極力迴避； • 患者知道這種恐懼是過分的，但不能控制。 1. **廣場恐懼症**：害怕離家外出、害怕獨處、害怕離家以後處於無助狀況不能立即離開該場所。男女比例為1：2，在20至40歲發生。 2. **社交恐懼症**：害怕處於眾目睽睽的場合。女性患者稍微多於男性，出現於童年後期或少年早期。 3. **單純恐懼症（特殊境遇恐懼症）**：對某些特殊物體、情境或活動的害怕，如動物、尖銳物品、乘飛機等。男女比例因所恐懼的物體而異，起病於童年。
強迫症	• 屬於焦慮症的一種。 • 罹患強迫症的人會陷入一種無意義，且令人沮喪的重複的想法與行為當中，但是一直無法擺脫它。 • 強迫症的表現可以自輕微到嚴重，但是假使症狀嚴重而不治療，可能摧毀一個人的工作能力，或在學校的表現，甚至連在家中的日常生活都有問題。 • 所有的人口中一生罹患強迫症的機率為100人中有2-3位，也就是全臺灣大約是40-60萬左右的強迫症病人。男女罹患這個疾病的機率相當。大部分在青少年或成年早期（25歲以前）發病。 • 強迫症主要的症狀包括： 1. **強迫思考**：強迫症病人心中常會有自己不想要的重複想法、影像或衝動。 2. **強迫行為**：在強迫思考之後，跟著來的就是強迫行為。強迫行為可以暫時降低強迫思考帶來的焦慮，但是也因此而不斷地強化個案去執行強迫行為的動機。最常見的強迫行為是清洗與檢查。
慮病症	• 對一些生理功能的正常變異過分誇大其病態而擔心不已； • 真正有某些小毛病或小缺陷，患者卻過度反應，恐怕自己患有什麼嚴重的疾病。 • 一種自戀情結的表現。 • 造成慮病症的原因很多，表現方式也不全然相同，一部分和各個民族的文化和社會價值觀有密切的關係。

疾病	可能出現的狀況及治療
轉化症	• 在古老的西方醫學中被稱做歇斯底里（hysteria），是以感覺運動系統方面的異常為主，例如突然癱瘓、失明、抽搐、不能說話等等。 • 這些異常卻又無法以任何已知的身體疾病去解釋，而臨床的檢查也大多正常，特別在發生前時常先有一些心理衝突事件出現。 1. **感官**：如肢體感覺麻木、突然失明、失聰。 2. **運動**：如無法行走、站立。 3. **癲癇發作**：肢體抽搐，類似癲癇發作的情況。 • 大部分的個案都可以在短時間內獲得改善，有75%的患者不會再發作，但仍然有25%的人，在以後遇到壓力時，會出現類似的症狀，而其出現症狀的時間越長，預後便越不好，而症狀也會變成患者用來滿足願望或逃避責任的工具。
憂鬱症	• **憂鬱症**：單極性（症狀是單向的）。 • 憂鬱症和躁鬱症兩者都是常見的情感性疾病，因為它們主要的症狀是影響個體的情緒。
躁鬱症	• **躁鬱症**：雙極性（症狀是雙向的）。 • **輕鬱症**：（一種慢性的中度憂鬱症），循環性情感疾病（一種較輕微的躁鬱症）。 • 躁鬱症有可能偽裝成行為違常、過動症、酒精濫用及其它物質濫用、強迫症、恐慌症、人格異常，所以在診斷上十分困難。 • 躁鬱症通常在青春期或是成年早期發病，早期發病在25歲之前發病，造成個體在人際、課業和社會功能方面的重大影響。 • 越早發病者的家族病史較重。較早發病的躁鬱症患者一開始多以憂鬱期為主，並且通常會經歷多次憂鬱期之後才會有輕度狂躁。
創傷後壓力症候群（PTSD）	• PTSD是一種真實的疾病。人們在經歷過擾亂或可怕的事件後，可能會患這種疾病。 • 強暴或性虐待。 • 受到家人的精神或身體虐待的受害者。 • 暴力犯罪的受害者。 • 飛機墜毀或是汽車事故。 • 颶風、龍捲風或火災。 • 戰爭。 • 認為自己可能會被殺害的事件。 • 親眼看過以上任何事件。

疾病	可能出現的狀況及治療
	・PTSD 始於事件發生後三個月。對於某些人，可能在事件過後六個月或甚至一年才會出現 PTSD 跡象。PTSD 可能發生在任何年齡的人身上，甚至連小孩也不例外。 ・有些患者會在六個月內好轉，有些患者則可能會患病更長時間。 ・PTSD 患者中，女性是男性的2.5 倍。 <div align="center">心理治療</div> 1. 認知行為療法（CBT）—— 2. 暴露療法—— 3. 認知重建—— <div align="center">藥物治療</div>
自殺	

練習10
自我傷害意向量表

下列的句子，是一些人有時候會有的一些想法。請誠實勾填，有哪些想法是在過去一個月中，曾經想過的。請在每一問題中，選一個○以 ✔ 勾填。

姓名＿＿＿＿＿＿＿＿聯絡電話＿＿＿＿＿＿＿＿
男＿＿＿＿女＿＿＿＿血型＿＿＿＿
出生＿＿＿＿年＿＿＿＿月＿＿＿＿日

		幾乎每天一次	每週二次	每週一次	每月二次	每月一次	曾經有此想法	未曾有此想法
01.	我想過假如我沒活著會比較好。	○	○	○	○	○	○	○
02.	我想過要殺死我自己。	○	○	○	○	○	○	○
03.	我想過我要如何傷害自己。	○	○	○	○	○	○	○
04.	我想過何時我將殺死我自己。	○	○	○	○	○	○	○
05.	我想過有關人死掉的事。	○	○	○	○	○	○	○
06.	我曾經想過有關死亡的事。	○	○	○	○	○	○	○
07.	我想過怎樣寫自殺通知。	○	○	○	○	○	○	○
08.	我想過寫遺囑。	○	○	○	○	○	○	○
09.	我想過告訴別人我計畫殺死自己。	○	○	○	○	○	○	○
10.	我想過假如我不和人們在一起，他們會較快樂。	○	○	○	○	○	○	○
11.	我想過假若我自殺，別人的反應是怎樣。	○	○	○	○	○	○	○
12.	我曾經希望我已經死去。	○	○	○	○	○	○	○
13.	我想過要結束一切是多麼簡單的事。	○	○	○	○	○	○	○
14.	我想過如果我自殺可能解決我的困擾。	○	○	○	○	○	○	○
15.	我想過如果我死掉，別人會更好。	○	○	○	○	○	○	○
16.	我希望我有勇氣殺死自己。	○	○	○	○	○	○	○
17.	我曾經希望我未曾出生。	○	○	○	○	○	○	○
18.	我想過假如我有機會，我會殺死自己。	○	○	○	○	○	○	○
19.	我想過人們殺死他們自己的方法。	○	○	○	○	○	○	○
20.	我想過殺死我自己，但並沒有做。	○	○	○	○	○	○	○
21.	我想過要發生不好的意外事件。	○	○	○	○	○	○	○
22.	我想過生命不值得活下去。	○	○	○	○	○	○	○
23.	我想過我的生活太坎坷無法繼續下去。	○	○	○	○	○	○	○

	幾乎每天一次	每週二次	每週一次	每月二次	每月一次	曾經有此想法	未曾有此想法
24. 我想過引人注意的方法是殺死自己。	○	○	○	○	○	○	○
25. 我想過假若我自殺，人們將認清我是值得關懷的。	○	○	○	○	○	○	○
26. 我想過無論我活著或死都沒有人關心。	○	○	○	○	○	○	○
27. 我想過要傷害自己，但不是真的自殺。	○	○	○	○	○	○	○
28. 我懷疑我是否有勇氣殺死自己。	○	○	○	○	○	○	○
29. 我想假如事情沒有改善，我會殺死自己。	○	○	○	○	○	○	○
30. 我希望我有自殺的權利。	○	○	○	○	○	○	○

資料來源：戴俊男、吳信安合編。

◎如何評估（每一問題每勾選一個○1分）：

未曾有此想法＞5分 心理健康。

曾經有此想法＞5分 需要注意。

每月一次　　＞5分 需接受諮商。

每月二次　　＞5分 需接受輔導、諮詢，並每月評估。

每週一次　　＞5分 需由精神專科醫師處理。

每週二次　　＞5分 需由精神專科醫師、心理治療師，整個治療團隊處理。

幾乎每天一次＞5分 具嚴重自殺危機，需緊急就醫、求援。

徵兆	說明
感覺（feelings）	• 無望的——「事情不可能變好了」、「已經沒有什麼好做了」、「我永遠都是覺得沒有希望」。 • 害怕失控、害怕瘋狂、擔心傷害自己和別人。 • 無助、無價值感——「沒有人在乎」、「沒有我別人會更好」。 • 過度的罪惡感和羞恥感、痛恨自己。 • 悲傷。 • 持續的焦慮與憤怒。

徵兆	說明
行動或事件 （actions or events）	• 藥物或酒精濫用。 • 談論或撰寫有關死亡或毀滅的情節。 • 做惡夢。 • 最近經歷失落──因為死亡、離婚、分離、關係的破裂，或失去工作、金錢、地位、自尊。 • 失去對宗教的忠誠。 • 焦躁不安。 • 攻擊、魯莽。
改變（change）	• 人格──更退縮、厭倦、冷漠、猶豫不決，或更為喧鬧、多話、外向。 • 行為──無法專心。 • 睡眠──睡太多或失眠，有時候會很早醒來。 • 飲食習慣──沒有胃口、體重減輕，或吃得過量。 • 對於朋友、嗜好、個人清潔、性，或以往喜歡的活動失去興趣。 • 在經過一段時間的消沉、退縮後，突然情況好轉。
惡兆（threats）	• 語言──如「流血流多久才會死？」。 • 威脅──如「沒多久我就不會在這裡了」。 • 計畫──安排事務、送走喜歡的東西、研究藥物、獲取武器。 • 自殺的企圖──服藥過量、割腕。

二、人格特徵：過度自我

（一）強迫性人格。

（二）自戀型人格。

（三）表達心中的憤怒：把對別人或自己的潛意識裡的攻擊欲望壓抑下來所造成。

（四）失落、孤獨以及愛遭到拒絕的結果。

（五）和罪惡感有關。

（六）對愛的訴求或呼喚，也是表達需求的一種方式。

（七）遭遇挫折、自尊受損時，相信自己一定是身體發生了某些疾病，用此取代自己失落的自尊和價值感。

　　在一般醫療機構大約有3-14％的人其實沒有什麼真正的疾病，男女性的分布沒有差異，發病年齡以30和40歲最常見，患者則多半為社會經濟階層中較低的。

三、抒解壓力的做法

（一）初級預防——壓力預防教育訓練（演講、工作坊、成長團體）。

1. 自我保護反應（心理防衛機轉）。

2. 直接控制法（消除困擾、消除心理壓力法、善用資源法）。

3. 直接行動法（認識問題、對自己有信心、行動的意願）。

（二）二級預防——危機諮商、認知行為治療、減壓團體。

（三）三級預防——藥物治療、心理治療。

 練習11
肌肉鬆弛法

1. 把手抬到水平的部位，然後用力握緊拳頭，繼續用力伸直，持續用力半分鐘，然後慢慢鬆弛到完全放鬆，並把雙手慢慢放到「大腿」上。

2. 以相同的方法收縮與放鬆額頭、眼睛、鼻子、嘴部的肌肉。

3. 把身體坐正，用力將頭下壓，盡量讓下巴能靠到你的胸部，再用力把肩膀向後壓，將胸部挺出來，持續用力約半分鐘，然後慢慢鬆弛下來。

4. 連續做兩個深呼吸，持續放鬆。

5. 把你的腿、腳及腳趾頭用力向前伸直，繼續用力持續半分鐘，然後再慢慢放鬆，到完全放鬆。

6. 整個肌肉放鬆完畢，你可以感覺有一道暖流遍佈全身。

肌肉放鬆技巧練習時所應注意的事項：

• 控制合適的亮度，不要太亮也不要太暗。

• 衣著以寬鬆為原則。

• 切忌讓「風」直吹到身上，避免受寒致病。

• 挑選個人空閒時進行練習。

• 維持每天的同一時間練習，每天最好練習一次至兩次，但不要超過兩次，每週最好練習五天以上，並持之以恆。

四、電影賞析：《穿著 Prada 的惡魔》

《穿著 Prada 的惡魔》（*The Devil Wears Prada*）

　　《RUNWAY》雜誌是紐約時尚界聖經，總編米蘭達（梅莉史翠普飾）在時尚界呼風喚雨，但為求成功也掀起無數腥風血雨，誰也不能阻攔她的成功，包括菜鳥助理。只要稍有自尊的人，絕對無法在她手下工作，可是進入《RUNWAY》又是所有對時尚有熱情的年輕紐約女孩最大的夢想。剛畢業的社會新鮮人安德莉亞（安海瑟薇飾），憑著西北大學的漂亮履歷，進入《RUNWAY》位於曼哈頓總部辦公室。

資料來源：

馬賽克女郎（2008）。有抉擇就有遺憾——穿著 Prada 的惡魔（影評）觀後感【部落格文字資料】。取自 https://lindyeh.pixnet.net/blog/post/22088627

⌒ 問題討論

1. 你看完此影片後，對於哪些部分的印象較為深刻？

2. 人們常說：有選擇就會有遺憾。你也曾經有過遺憾的時候嗎？你又是如何做出選擇的呢？

3. 本片在談「不忘初衷」，你是否也曾經有夢想未曾實現，而現在想急起直追的部分？如果有，那是個什麼樣的夢想？是否可以說說看呢？

五、悅讀新天地：《為自己出征》

《為自己出征》（*The Knight in Rusty Armor*）

在遙遠的地方，有一位武士。他為了證明自己是善良而有愛心，便隨時隨地穿著盔甲，準備出征。直到有一天，他的妻子、兒子和朋友，都忘了他的樣子，正當他決定脫掉自己的盔甲時，卻發現盔甲脫不掉了！為了解決這個困境，他出發前去尋找傳說中的梅林法師，在梅林法師的指引下，他踏上了真理之道，征服了沉默之堡、知識之堡、志勇之堡，最後到達真理之巔，脫下了限制他行動的盔甲，也脫下了內心的盔甲。

A. 盔甲
　　1. 虛榮與美德的界線
　　2. 蒙蔽
　　3. 愚昧的自以為是
　　4. 期待

B. 成長
　　1. 聆聽
　　2. 需要與愛
　　3. 知識之光
　　4. 戰勝恐懼
　　5. 走向堅強的自我

資料來源：
王石珍（譯）（2017）。為自己出征（原作者：Robert Fisher）。臺北：方智。（原著出版年：
　　1987 年）

⌇ 問題討論

1. 你看完此本書後，對於哪些部分的印象較為深刻？

2. 你覺得武士經歷了真理之道，征服了沉默之堡、知識之堡、志勇之堡，最後到達真理之巔，他最大的收穫是什麼？

3. 你是否也有曾經被盔甲覆蓋而渾然不知的時候，此時此刻會想要做什麼？如果你警悟了，會從哪裡開始？

第八單元

時間管理與力量展露

省思7
一個空罐子與美乃滋

　　這個美乃滋空罐就是我們的人生，高爾夫球就是我們生命中的一些大事，例如：上帝、家庭、小孩、朋友、健康，還有你的摯愛。生命裡沒有那些小鵝卵石或是沙子沒關係，可是要是缺了這些大事情，我們的生命根本沒有意義。

　　小小的鵝卵石就是我們生命中的其他事情，例如：工作、房子、車子等等東西。至於那細沙子就是我們生命中的小事，那些細微不重要的瑣事。

　　我們的生命就是這樣的，如果你盡是把寶貴的時間花在細微的瑣事上，你就不可能有時間去處裡重要的事情。

　　這兩杯咖啡就是要告訴我們，不管我們的美乃滋罐看起來是裝得多滿，我們總是可以有空間跟朋友一起享受杯咖啡的！

資料來源：
原始咖味（2016）。美乃滋瓶罐和兩杯咖啡的故事【網路文字資料】。取自 https://kknews.cc/zh-tw/news/2jzkv9.html

↳ 問題討論

1. 請依照你心目中覺得關係或事情的重要性做排列。

(1) _____　(2) _____

(3) _____　(4) _____

(5) _____　(6) _____

2. 這些重要性的事物，你是如何安排？請依花費時間的長短來做排列。

(1) _____ (2) _____

(3) _____ (4) _____

(5) _____ (6) _____

3. 如果第 1 題與第 2 題有所差異，請說說看你覺得「原因」為何？

4. 想一想，如果空罐子代表你的人生，高爾夫球、鵝卵石、細沙子、咖啡，對你而言就現階段分別代表什麼意義呢？

一、時間管理法則

時間的重要性包含：是不可回溯的、無法暫停、不能買賣也無法替代、更缺乏彈性空間。

（一）學做時間的主人

1. 克服拖延

最好的方法就是放下完美主義心態，利用目標管理的方法將目標切成許多小任務。

(1) 培養目標感。

(2) 給任務設定精確時限。

(3) 強迫自己做一個開頭。

(4) 把工作變簡單。

(5) 不必等到萬事俱備。

(6) 捨棄完美主義。

(7) 養成一個習慣。

資料來源：
傳知網校（2012）。七大措施，克服拖延症！【網路文字資料】。取自 https://kknews.cc/zh-tw/psychology/lezqe2.html

2. 駕馭意志力

克服自己的分心，專注於當下，可利用「正念」的概念來協助完成。

練習 12
專注於當下

1. 專注於當下的最佳方法就是一次只做一件事。

2. 時刻警醒──時刻覺察自己的想法。

3. 寬容以待自己的想法，並把自己帶回當下。

4. 鍛鍊身體。鍛鍊是種冥想方式。

5. 日常活動中找出屬於自己的冥想方式。包含走路、吃飯、喝水等等。把做每一件事都當作練習。

6. 設置提醒──必須不惜一切代價，讓自己專注於當下。

7. 沒有失敗──小確幸的存在。

8. 堅持練習。

資料來源：
願白頭偕老（2016）。讓你專注於當下的 8 個好方法【網路文字資料】。取自 https://kknews.cc/zh-tw/news/r2jp6x.html

二、時間管理的架構

（一）艾森豪矩陣

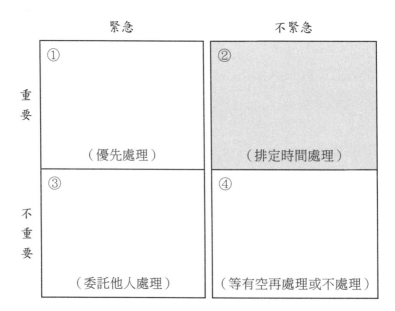

簡單說，就是把要做的事情，依照四個象限的屬性來做分類。

灰色「不緊急又重要」是最重要的部分，通常都是在思考未來學習技能，讓自己變得更好等等，通常只要這一塊的事情做得好，你就可以做到一些需要長期累積才能達成的目標或是夢想。

1.「N」字法則。

2. 排順序——什麼最重要？

3. 把多件事情合併成一件，「最重要的事，只有一件」。

4. 把要做的事情放到不同的時間段，這就是把日常生活時間充分利用的具體方法。

5. 做 SOP（清單）：

　　它可以讓你在某個情境下，快速的知道什麼事情要先做，什麼事情晚點再做，就是不用花時間再去想什麼事最重要，給你一個快速的指南。

資料來源：

盛盛 GO（2016）。傅盛：最重要的事，只有一件【網路文字資料】。取自 https://36kr.com/p/5058746.html

Aaron 老師（2017）。時間管理淺談【網路文字資料】。取自 https://humorousaaron.wordpress.com/2017/07/30/howtomanagetime/

（二）ABC 時間管理法

　　ABC 時間管理法由美國管理學家萊金（Lakein）提出，就是以事務的重要程度為依據，將待辦的事項按照重要性從高到輕的順序劃分為 A、B、C 三個等級，然後按照事項的重要等級依次完成任務的做事方法。

　　他建議為了提高時間的利用率，每個人都需要確定今後五年、今後半年及現階段要達到的目標。人們應該將其各階段目標分為 A、B、C 三個等級，A 級為最重要且必須完成的目標，B 級為較重要很想完成的目標，C 級為不太重要可以暫時擱置的目標。

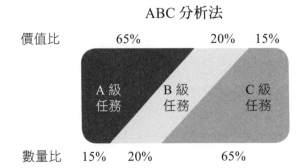

ABC 分析法

資料來源：百科知識。ABC 時間管理法【網路文字資料】。取自 https://www.easyatm.com.tw/wiki/AB
C%E6%99%82%E9%96%93%E7%AE%A1%E7%90%86%E6%B3%95

　　根據事務的重要性劃分事務級別、規定優先順序，對每一項工作做如下考慮：
「這件事是不是有助於達到我的長期目標或短期目標？」做出判斷之後，再根據判
斷確定事務的級別，可以將事務分為以下三類：

1. 第一類（A 類）：非常有助於達成目標的事情。

2. 第二類（B 類）：對達成目標有幫助的事情。

3. 第三類（C 類）：對達成目標沒有幫助的事情。

ABC 時間管理的具體步驟如下：

1. **列出目標**：每日工作前列出日工作清單。

2. **目標分類**：對日工作清單分類。

3. **排列順序**：根據工作的重要性、緊急程度確定 ABC 順序。

4. **分配時間**：按 ABC 級別順序定出工作日程表及時間分配情況。

5. **行動實施**：集中精力完成 A 類工作，效果滿意，再轉向 B 類工作。對於 C
   類工作，在時間、精力充沛的情況下，可自己完成，但應大膽減少 C 類工
   作，盡可能委派他人執行，以節省時間。

6. **及時記錄**：每一事件消耗的時間。

7. **歸納總結**：工作結束後評價時間應用情況，以不斷提高自己有效利用時間
   的技能。

　　利用上述的方法，你可以利用一週的時間來練習看看。

資料來源：
益 CMH（2019）。ABC 管理法則，一個普遍適用的法則【網路文字資料】。取自 https://
kknews.cc/career/9pzaxvq.html

（三）重要時間法則

1. 帕金森定律

工作在最終期限到來前是不可能被完成的。

為了避免拖延的現象發生，最好的方式就是將完成工作的期限提前，縮短閒散的時間提高時間的使用及提高工作的專注力。

2. 墨菲定律

任何事情都不像它看起來那樣簡單。

每件事情做起來都比原來想像的要多花費些時間。

如果事情出錯，那就無法避免一錯再錯的機會。

時間太多而金錢太少。

工作太多而時間太少。

3. 賈琪華德定律

就是先做不喜歡的事，其他便可迎刃而解。

4. 80/20 法則

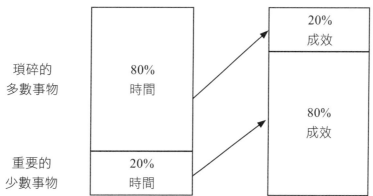

80/20 原理示意圖

資料來源：李洛克（2015）。【小說商學院】改變你一生的80/20法則（帕累托法則）【網路文字資料】。取自 https://www.rocknovels.com/8020rule.html

三、電影賞析：《想飛的鋼琴少年》

《想飛的鋼琴少年》（*Vitus*）

「每個大人都曾經是小孩，雖然只有少數人記得。」——安東尼·聖修伯里《小王子》

維特自出生那天起，彷彿就是來自外星的小王子。他有蝙蝠般的靈敏聽力、媲美音樂神童莫札特的鋼琴才華、精通股市操盤的數學頭腦，最喜歡看的讀物就是百科全書。雖然父母希望維特未來成為偉大的鋼琴家，但他卻和所有小男孩一樣，只想在天空飛翔。為了逃離父母加諸在身上的沉重壓力，維特總愛跟在古靈精怪的爺爺身邊，一同探險人生。一個下大雨的夜晚，維特決定不再為他人而活，戴上爺爺和他親手打造的翅膀，縱身一躍、飛上天際……

資料來源：

nacre1000（2007）。想飛的鋼琴少年【網路影音資料】。取自 https://www.youtube.com/watch?v=e3HD_3WPpds

公視新聞網（2010）。[專訪] 想飛的鋼琴少年 Teo Gheorghiu 泰歐蓋爾基【網路影音資料】。取自 https://www.youtube.com/watch?v=2V3NJsJ5T80

↻ 問題討論

1. 你看完此影片後，對於哪些部分的印象較為深刻？

2. 一個想飛的天才，卻常被家庭、學校拉墜地面，回到世俗，過去的你也曾經有過這樣的時候嗎？你又是如何做出選擇的呢？

3. 「裝笨」是一種不得已的選擇，如果你是主角，你是否也會做此選擇呢？你覺得主角的目的是什麼呢？他的需求又是什麼？

四、悅讀新天地：《誰搬走了我的乳酪？》

《誰搬走了我的乳酪？》

- 每個人每天要問自己的問題？
- 當你的事業受阻時，你會問；
- 當你的愛情失去時，你也會問；
- 當你家庭出了問題時，你也會問。

資料來源：
CrownBookClub Crown（2011）。改變自己！才會擁有更好的未來——《誰搬走了我的乳酪？》預告片【網路影音資料】。取自 https://www.youtube.com/watch?v=rf5ssQ0QVsw

故事開展：

兩隻小老鼠和兩個小人的故事。

他們住在一座可以無限供應乳酪的迷宮裡，不過乳酪藏在迷宮的某一個角落，兩隻小老鼠是憑著直覺去找；兩個小人則是憑著分析和推理去找，他們花了很大的工夫終於找到一座看上去可以吃不完的乳酪山，於是他們連住的地方都搬到乳酪山的附近，日復一日，過得很快樂。

直到某一天，乳酪山不見了。

兩隻小老鼠立刻決定去找下一座乳酪山；但是兩個小人卻被「乳酪消失」的景象震撼住了，他們不斷問自己以及相互討論「誰搬走了我的乳酪？」。

其實，乳酪不是他們的，只是長期下來，他們早已認定乳酪是他們的，所以，他們不能接受「誰有權力搬走了我的乳酪」這個事實。

日子在困惑中一天天過去，其中一個小人決定接受這個事實，去找下一座乳酪山。可是他的朋友不願意，還是坐在原來的地方，希望「搬走乳酪的人」會將乳酪山「還給他」。

出去找乳酪的小人，在路途中幾度因為不確定「能否找到乳酪山」而動搖，但是他卻發現：當一個人擺脫了自己的恐懼，就會覺得無比的暢快和舒適！雖然那時他還沒有找到乳酪，但是他不再為過去曾經擁有又失去乳酪山而感到痛苦。

最後他終於找到了新的乳酪山，也見到了那兩隻小老鼠。兩隻智慧的小老鼠，因為早就發現舊的乳酪山有越來越少的現象，所以，當舊乳酪山消失時，牠們毫不猶豫地開始尋找下一座。

然而，當這個小人興高采烈地帶著新的乳酪找到他的朋友——守在舊乳酪山的那個小人時，他的朋友卻拒絕吃新的乳酪，因為他仍然想吃到舊的乳酪，仍然希望「拿走乳酪山的人」有一天會「還給他」。

⌒ 問題討論

1. 如果將書中的「乳酪」換成「事業」、「婚姻」、「財富」或是「機遇」，你會想到什麼？

2. 想想看，什麼是你的「乳酪」？你又該如何去尋找你的乳酪？

你真正在應付的不是別人，是你那顆混亂不安的心。

當你覺得全世界都對不起你，別人看見的就是刺蝟般的你。

當你覺得天使們都停在你的肩膀上，別人看見的就是光芒萬丈的你。

當你覺得沮喪失落能量低迷，別人看見的就是不值得託付的你。

當你覺得自在昂揚充滿信心，別人看見的就是值得相信的你。

當你覺得沒有人會來愛你，別人看見的就是可憐兮兮毫無魅力的你。

當你覺得恩寵滿懷希望無限，別人看見的就是明亮燦爛風華絕代的你。

希望大家能努力的活出自己！！

第九單元

防衛機轉與復原力

世上最遙遠的距離，不是生與死的距離，不是天各一方，而是我就站在你面前，你卻不知道我愛你。

世上最遙遠的距離，是兩個心之間的距離。

資料來源：
張小嫻（1997）。荷包裡的單人床。臺北市：皇冠。

一、防衛機轉

（一）自我防衛機制

自我用來保護自己的一些心理策略，以避開正常生活過程中所會面臨的焦慮和衝突。

一切歷程在潛意識中進行。如適度使用對於情緒抒解有幫助；如過度濫用則脫離現實、產生心理疾病。

（二）心理成熟度分類

1. **自戀心理防衛機制（一級防衛機制）**：包括否定、歪曲、外射，它是一個人在嬰兒早期常常使用的心理機制。

2. **不成熟心理防衛機制（二級防衛機制）**：此類機制出現於青春期，成年人中出現也是屬於正常的。包括內向投射、退行、幻想等。

3. **神經性心理防衛機制（三級防衛機制）**：這是兒童的「自我」機制進一步成熟，在兒童能逐漸分辨什麼是自己的衝動、欲望，什麼是實現的要求與規範之後，在處理內心掙扎時所表現出來的心理機制。

4. **成熟心理防衛機制（四級防衛機制）**：是指「自我」發展成熟之後才能表現的防禦機制。其防禦的方法不但比較有效，而且可以解除或處理現實的困難、滿足自我的欲望與本能，也能為一般社會文化所接受。這種成熟的防衛機制包括昇華、補償、幽默等。

（三）行為性質分類

1. **逃避性防衛機制**：壓抑／潛抑（repression）、否定（denial）、退化情感（regression）。

2. **自騙性防衛機制**：此類防衛機制含有自欺的成分，也是一種消極性的行為反應。包括反向（reaction formation）、合理化（rationalization）、儀式與抵消（ritual and undoing）、隔離（isolation）、理想化（idealization）、分裂（dissociation）、歪曲（distortion）。

3. **攻擊性防衛機制**：轉移（displacement）、投射（projection）。

4. **代替性防衛機制**：幻想（fantasy）、補償（compensation）。

5. **建設性防衛機制**：認同（identification）、昇華（sublimation）。

（四）範例

練習13
防衛機轉配合

心理防衛機轉

　　源於心理學大師佛洛伊德。個體在遭遇各種壓力事件時，自我為了防止或降低焦慮與壓力，以保持內心平衡所採取的一些習慣性適應行為，防衛機轉通常是在潛意識狀態下運作，故含有自欺欺人的成分在內。適當使用有助於心理建設，但過度使用，會導致逃避現實、退縮、心理異常等。故真正面對壓力時，應採取正確之因應方法，才能解除壓力。

★ 連連看

眼不見為淨 掩耳盜鈴 鴕鳥心態	✤ 壓抑作用（repression）
酸葡萄、甜檸檬 紅顏薄命	✤ 投射作用（projection）
代罪羔羊 愛屋及烏	✤ 反向作用（reaction formation）
以小人之心度君子之腹 我見青山多嫵媚，青山見我亦如是	✤ 否定作用（denial）
笑裡藏刀 口是心非	✤ 合理化作用（rationalization）
追星族 白日夢 桃花源	✤ 轉移作用（displacement）
老大在老二出生後尿床 這不是肯德基	✤ 消除作用（undoing）
淚往肚裡吞 啞巴吃黃蓮	✤ 幻想作用（fantasy）
碎碎平安 唐先生打破花瓶	✤ 退化作用（regression）

- 壓抑作用（repression）：有計畫的自我控制過程，有意去避免想些什麼，並將衝動及欲望保留。

  淚往肚裡吞、啞巴吃黃蓮

- 投射作用（projection）：個人將自己的錯誤、缺點，不希望有的特質或不為社會認可的欲望歸諸於他人，以保護自己，減少自己因此而生之焦慮，藉以維持個人的價值感。

  以小人之心度君子之腹、我見青山多嫵媚，青山見我亦如是

- 反向作用（reaction formation）：將內心的衝動用相反的行為表現出來，來掩飾壓制內心的欲望。

  笑裡藏刀、口是心非

- 否定作用（denial）：經由拒絕面對不愉快的外在事實，而來保護自己，包括對具威脅性的現實「視若無睹」來抵擋當中的焦慮。

  眼不見為淨、掩耳盜鈴、鴕鳥心態

- 合理化作用（rationalization）：製造一個自己以及社會較能接受的理由來解釋自己的行為，使它看來合乎邏輯。以「好理由」取代「真理由」。

  酸葡萄、甜檸檬、紅顏薄命

- 轉移作用（displacement）：個體將有敵意的情緒發洩在較安全的對象上，而不敢對受挫的來源表示不滿。

  代罪羔羊、愛屋及烏

- 消除作用（undoing）：用來預防或彌補某些不愉快的事件或不被許可的想法或衝動，這種行為通常是重複而拘泥儀式的，經常和有魔力及迷信的想法有關。

  碎碎平安、唐先生打破花瓶

- 幻想作用（fantasy）：個人現實生活中遭遇無法處理的問題時，藉由虛幻的想像世界來得到滿足，用幻想把事情想像成自己所希望的。

  追星族、白日夢、桃花源

- 退化作用（regression）：面臨非常強大的壓力時，會出現與年齡不相稱的早年階段行為。

  老大在老二出生後尿床、這不是肯德基

二、復原力

復原力構念包含了兩個重要條件：

（一）個體必須暴露於重大的逆境；

（二）即使在逆境之中，個體還能維持正向的適應（Luthar et al., 2000）。

復原力（Resiliency）：經歷逆境且維持正向適應的動力運作現象，是一種個人特質或才能。

Dr. Werner 研究團隊在夏威夷 Kauai 島上所進行的一系列長期縱貫研究（1950s-1980s）：研究島上 1955 年出生的 505 位兒童之發展，其中 201 位兒童被歸類為高危險的脆弱群組。

（一）復原力研究：The Kauai Study

1. 高危險脆弱群組兒童符合或經歷四個以上漸增危險因子。

(1) 因懷孕或生產過程產生併發症。

(2) 失功能家庭或貧窮家庭。

(3) 虐待兒童和離婚。

(4) 精神疾病或酗酒父母。

2. 三分之一高危險群組兒童（復原力次群組），長大後成為有能力的成人。

(1) 表現愉悅的氣質。

(2) 健康的人際和社會關係。

(3) 穩定的生涯工作。

(4) 易受傷害性但不被屈服（vulnerable but invincible）。

會如此的原因可能是某些因素保護了孩子。

（二）復原力的核心特點

1. 危機因子（risk factors）

(1) 危機因子與不良的結果有統計的關聯。

(2) 危機因子是一種可能性的標籤或指標，是用來指出問題發生的「可能性」。

(3) 危機因子無法表示「歷程」或「機制」。

(4) 危機經常具有漸增與連鎖性。

(5) 許多危機因子具有遞變性，或者是一體兩面的。

2. 保護因子（protective factors）

(1) 保護因子是為個人或環境的防護措施。

(2) 保護因子可以加強個人的能耐以抵抗壓力或危機，然後形成一個人的適應和能力。

(3) 唯有在復原力的動力運作中與危機因子交互作用的因素，才能稱為保護因子。

(4) 保護因子是當危機因子存在的時候才有作用；保護因子並不能夠在沒有危機因子的前提下，提高個體的潛能。

3. 危機因子＋保護因子＝復原力結果

危機中的正向適應條件：

(1) 個人特質，如正向的自我價值……

(2) 溫暖、滋養的家庭環境，如優質親職……

(3) 寬闊的脈絡因素，如好的社區資源……

（三）影響個人復原力的因素

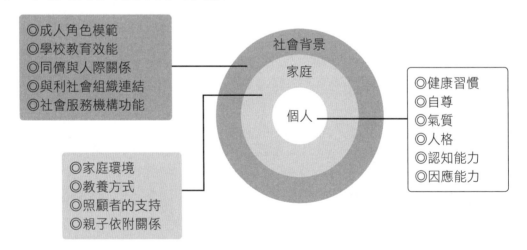

資料來源：曾文志（2005）。**危機是轉機：大學生的復原之路**〈自助手冊001〉。花蓮：慈濟大學學生輔導中心。

> **關於復原力**
>
> - 復原力是人生的一趟旅程。
> - 每個人有不同的歷程。
> - 復原力是可以培養的。

（四）建構復原力的建議

1. 照顧好自己。
2. 與人連絡。
3. 不畏改變。
4. 增養正向的自我觀念。
5. 學習正向的詮釋與反應。
6. 做出決定性的行動。
7. 朝向你的目標前進。
8. 尋找自我開發的機會。
9. 保持對事情的展望。
10. 永遠懷抱著希望。

三、電影賞析：《深夜加油站遇見蘇格拉底》

《深夜加油站遇見蘇格拉底》（*Peaceful Warrior*）

　　故事敘述一名少年得志奪牌無數的大學體操運動員（史考特馬其洛茲飾），遇上了良師益友蘇格拉底（尼克諾特飾），才重新打開他的視野與獲得新的體悟……

　　奧運體操選手丹米爾曼是大學裡的風雲人物，他擁有人人稱羨的完美體能、優秀的學習成績、家境富裕，然而卻在每個晚上都被惡夢驚醒。

資料來源：

cmilearning（2013）。深夜加油站遇見蘇格拉底 - 拋開雜念 把握當下【網路影音資料】。取自 https://www.youtube.com/watch?v=xp2r_FvoAlY

barton yang（2014）。深夜加油站遇見蘇格拉底 - 很有禪意的一段話~【網路影音資料】。取自 https://www.youtube.com/watch?v=TQZ0AMu4zSs

↳ 問題討論

1. 當丹遇上蘇格拉底的時候，你覺得是什麼讓他想向這位老人學習？

2. 蘇格拉底要丹「放空一切，不要去想未來和過去，不要去在乎世俗的價值，因為那往往都是包袱，知識不等於智慧。」你對於這種想法的感受如何？在現今的社會中又該如何去體會這些呢？

3. 你覺得這部影片中，蘇格拉底教會丹什麼是不失敗的祕訣呢？你的祕訣又是什麼呢？

四、悅讀新天地：
《微復原力：結合科學與正向心理的幸福生活習慣》

《微復原力：結合科學與正向心理的幸福生活習慣》
（*Micro-Resilience: Minor Shifts for Major Boosts in Focus, Drive, and Energy*）

作者：邦妮・聖約翰、亞倫・海恩斯
譯者：許恬寧
出版社：天下文化
出版日期：2019/8/30
ISBN：9789864797936

不受壓力和負面情緒影響，也不再被情緒綁架；
短短五分鐘簡單調整身心狀態，隨時保有健康活力

邦妮・聖約翰是第一位在冬季殘障奧運拿下獎牌的非裔美國滑雪選手，退役後創立顧問公司，致力於幫助領導人與團隊引出最大的潛力與最佳表現。美國前總統小布希稱讚她是勇氣的化身，柯林頓總統指名她擔任白宮國家經濟會議人力資本議題諮詢委員，NBC 新聞更稱邦妮是全美最激勵人心的女性，連微軟、IBM 等財星 500 大企業都邀請她擔任領導人顧問。

看似亮麗成功的邦妮，她的人生並不順遂。出身貧困的非裔美國人，5 歲因病截肢後裝上義肢，在家中曾遭到父親性侵，又要承受母親多次試圖自殺的壓力。邦妮在困境下依然勇往直前，活出自己的人生。

資料來源：
博客來（2019）。微復原力：結合科學與正向心理的幸福生活習慣【網路文字資料】。取自 https://www.books.com.tw/products/0010832374

微復原力就是靠著重新訓練大腦，幫身體充電，改變生活方式，迎向挑戰。能讓我們從全新角度看生活，打破原本的思維模式，重新看待情境與問題。

微復原力包括五個面向：

✓ 大腦重新聚焦　✓ 重設原始警報　✓ 轉念　✓ 恢復活力　✓ 提振精神

只要培養習慣善用這些技巧，就能量身打造適合自己、快速有效恢復活力的策略，並且迅速擺脫負能量。面對生活與工作的多重壓力，學會以習慣配合生理機制隨時善用微復原力的技巧，就能夠很快重新振作，迎向挑戰。

生命總是有起有落，如同季節的流轉，

縱使當下是難熬的冬天，

但我仍相信春天，

因為相信復原力，所以我可以勇敢，

不怕迎接生命中的低潮與不如意，

因為，我知道終有一天可以再奮起。

第十單元

積極的壓力管理技巧

美麗的彩虹，由陽光和雨露鑲成；絢麗的人生，也由歡樂和苦痛交織而成。

一、積極快樂思考為導向

自我鍛鍊、融合所受知識及整合各種不同的人生價值理念，以建構完整而具全觀的人生系統。

以積極快樂思考為導向，並以服務為目的的人生系統。

 練習14
心情轉換的練習

Seligman 發展了協助成人和孩童由悲觀轉為樂觀的解釋風格方案，此方案是以 Aaron T. Beck 和 Albert Ellis 的認知治療模式為基礎。

這些方案的第一部分就是讓參與者學習監控逆境中的情緒改變。他們在每一個逆境中都進行 ABC 分析。

1. 逆境（adversity）：我的朋友不打電話給我。
2. 信念（beliefs）：他已不再關心我們的友情，因為我是很悶的人。
3. 連續的心情轉變（consequent mood changes）：我從還可以的狀況，轉變到非常鬱悶（在十點快樂量表中，1 分是代表非常憂鬱，10 分是非常快樂，我從 7 分到 3 分）。

一旦熟練 ABC 的分析後，可以繼續用其它技巧改變對逆境的悲觀解釋風格，包括分散（distraction）、疏離（distancing）及辯論（disputation）。

1. 與辯論解釋時，我們提出四個方向的問題：講求證據、替代方案、意義及用處。
2. 介紹了 ABC 分析技術，以及分散、疏離與辯論的技術之後，下一步是將它們合併在 ABCDE 的練習中。

練習 15
ABCDE 的練習

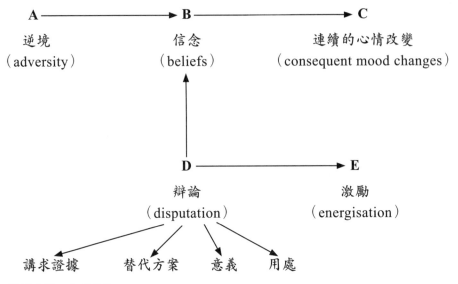

資料來源：作者自繪。

ABCDE 中所提及的部分，你覺得哪項對目前的你而言最重要？請舉例說明之。

二、自我肯定訓練

（一）**說出感覺**：告訴對方你對事情的感覺。「我對你這樣……感到不舒服（不爽快）」。（兩人一組互相練習，之後再問感覺。）

（二）**說出不**：對方的邀請或要求若自己覺得很勉強，就勇敢說出「我不要（我沒法度）……」。（兩人一組互相練習，之後再問感覺。）

（三）**說出自己的貢獻**：請某人提出自己對家及對對方有什麼貢獻或好的地方，及／或請每個人提出對他的看法，並討論之。（兩人一組互相練習，之後再問感覺。）

（四）**說出自己的缺點**：請某人提出自己對家及對對方有什麼不好的地方，及／或請每個人提出對他的看法，並討論之。（兩人一組互相練習，之後再問感覺。）

練習 16
情境練習

> 　　你在排隊買票，準備看一場電影，排隊的人很多，你很早就來排隊而且排了很久，這時候你發現前面有人插隊，你的反應是什麼？
> 1. 走向前，清楚客氣的說：「朋友，我們頂著大太陽已經排了好幾個小時，如果你也要買票，麻煩你到後頭排隊。」
> 2. 心裡嘟嘟囔囔，但不作聲，以免激怒對方惹禍上身。
> 3. 不去跟插隊的人說，但跟一同前來的朋友說：「有人呀！就是不知羞恥，專做一些小人做的事。」
> 4. 毫不猶豫地走向前，跟插隊的人說：「我警告你，到後面去排隊，不然你給我試試看！」

自我肯定小測驗

以下測驗僅能表現出你近來之狀況，請依照兩週來的狀態來做選擇。請在適當選項中進行勾選。

題目	從來沒有	很少	偶爾	大多如此	總是如此
1. 當一個人對我非常不公平時，我會讓他知道。					
2. 我很容易做決定。					
3. 當別人佔了我的位置時，我會告訴他。					
4. 我對我自己的判斷有信心。					
5. 我能控制我的脾氣。					
6. 在討論或辯論中，我容易發表我的意見。					
7. 我通常會表達我的感受。					
8. 當我在工作時有人在注意我，我不會受影響。					
9. 當我和別人說話時，可以輕易地注視對方的眼睛。					
10. 我容易開口讚美別人。					
11. 我很難對推銷員說「不」，因此買了自己實在不需要或不想要的東西。					
12. 當我有充分的理由退貨給對方時，我會遲疑不決。					
13. 在社交場合中與人保持交談我覺得有困難。					
14. 我覺得別人在言行中很少表示不歡迎我。					
15. 如果有位朋友提出一種無理的要求，我能拒絕他。					
16. 如果有人恭維我，我知道該說些什麼。					
17. 當我和異性談話時，會感到緊張。					
18. 當我非常生氣時，我會開口責罵對方。					

資料來源：網路資訊。

◎**計分方式：**

> 從來沒有-------- 1 分
>
> 很少 ------------ 2 分
>
> 偶爾 ------------ 3 分
>
> 大多如此-------- 4 分
>
> 總是如此-------- 5 分
>
> 11、12、13、17 題為反向計分（即從來沒有 5 分、很少 4 分、偶爾 3 分、大多如此 2 分、總是如此 1 分）。
>
> 1. 得分在 77 分以上者：屬於高度自我肯定，表示非常自我肯定，經常能適應、事實地表露自己的意見與感受。
>
> 2. 得分在 52-76 分之間：屬於中偏高度自我肯定，表示你大多數的時候能夠表達自己的意見與感想，但偶爾做不到。
>
> 3. 得分在 27-51 分之間：屬於中偏低度自我肯定，表示偶爾能自我肯定，但大多數時候不能表達自己的意見與感受。
>
> 4. 得分在 26 分以下者：屬於低度自我肯定，表示非常不自我肯定，經常不能表達自己的意見與感受。

三、自我肯定的方法

利用下面各種方法來達成，在此我們可以邊學邊練習。

（一）運用「我」訊息

我覺得（感受／情緒）因為（事件）

例如：有朋友與你相約共同討論事情，卻遲到了。當他姍姍來遲，你可能會如何表達？

「我覺得很擔心，因為你遲到了，我不知道你在路上發生了什麼事？」

◎你也可以依照上面的方式，試做看看。

```


```

（二）直接地表達自己

1. 練習目光正視。
2. 練習自我欣賞。
3. 練習說出對他人的讚賞。
4. 練習說出愛及謝謝你的愛。
5. 練習說「不」。

要做到「自我肯定」，必須要有清楚具體陳述、堅定的眼神、平穩的語氣及避免質問的口吻。

（三）練習自我肯定行為的表達用語

1. 描述情境或行為　　ex.（當我……時）：客觀的陳述。
2. 恰當表達情緒　　　ex.（我覺得……）：讓對方知道你的困擾與感受，讓對方有自省的機會。
3. 提出期望或建議　　ex.（因為……）：建設性的表達，讓對方知道你的企圖或意見。
4. 徵詢與討論　　　　ex.（你覺得如何……）：徵詢對方意見並討論，不是強迫別人接受你的建議。

（四）練習改變內在想法以帶動自我肯定行為

1. 自我暗示法：艾米勒‧庫埃（Emile Coe）所發明的肯定法（the affirmation method）首先運用於法國，他稱此法為「自我暗示」。只要你選擇一些目標與特點，然後一遍遍的告訴自己這是真的，即可提高自尊。

例如：

我，每天都對自己更滿意。

妳，每天都對妳自己更滿意。

她，每天都對她自己更滿意。

◎你也可以利用下面的語詞來試做看看。

我，---，每天都更好。

我，---，每天都更高興做我自己。

我，---，美麗又可愛。

我，---，很能幹、聰明，又有創造性。

我，---，一天比一天聰明。

我，---，可以貢獻很多，別人也清楚這一點。

我，---，和 --- 愈來愈相處融洽了。

我，---，具有幽默感，別人很欣賞。

我，---，漸漸不再對 --- 失望了。

我，---，信心十足，敢在公開場合清楚而有自信的說出心裡的話。

2. **消極探索法**：打破砂鍋問到底。

3. **重複法（破唱片法）**：先認可對方的理由，再不斷地重複自己的要求。

4. **妥協法**：善用語言技巧，切實提出雙方均可接受的變通方案。

5. **設限法**：明確地告訴對方自己可以接受的範圍和彈性。

6. **暫停法**：延宕對對方請求或要求的回應，待想法澄清後再回應對方。

★**焦點討論：寬恕與愛／幸福**

四、電影賞析：《新少林寺》

《新少林寺》

　　1920 年代中國處於軍閥割據和混戰的亂世，一些外國勢力為了獲取利益也支持著不同的軍閥勢力。地處河南嵩山的少林寺秉持我佛慈悲的信念，不僅堅持以善心去處理和火化那些戰火中死去的士兵的屍體，還每天接濟聚集在寺前的眾多難民。

　　少林寺的主題是禪。戰亂的時候，人特別脆弱，侯傑（劉德華飾）這個角色身上能反映出很多東西，能讓你悟出人生的道理。侯傑這個角色原本有很大的權力，但是一夜之間什麼都沒有了，然後去了少林寺，找到了自己想要的東西。而曹蠻（謝霆鋒飾）就是侯傑的前生，侯傑看到曹蠻走自己以前走的路，想把他挽救出來……

資料來源：
維基百科（2019）。新少林（電影）【網路文字資料】。取自 https://zh.wikipedia.org/wiki/%E6%96
　　%B0%E5%B0%91%E6%9E%97%E5%AF%BA_(%E7%94%B5%E5%BD%B1)

↳ 問題討論

1. 你看完這部電影的感覺如何？

2. 你如何看待侯傑（劉德華飾）與曹蠻（謝霆鋒飾）兩人的角色？

3. 當你知道：一夜之間什麼都沒有了……的時候，你會怎麼做？

4. 要寬恕一個人十分不容易，我們都會經歷許多的情緒，你會先找誰商量或者思考該如何做？

5. 請與小組的同伴分享並討論可能的做法。

五、悅讀新天地：《星期三的信》

《星期三的信》（*The Wednesday Letters*）

作者：傑森・萊特
譯者：呂玉嬋
出版社：木馬文化
出版日期：2009 年 5 月
ISBN：9789866488122

　　傑克與蘿瑞爾結婚 39 年，他們經營一家民宿，因為他們待人很親切，所以也認識了很多朋友。傑克對蘿瑞爾許下承諾在每個星期三都會寫信給她，所以無論傑克人在何處他一定會寫信。在某天的夜裡，蘿瑞爾因為心臟病發過世，而久病纏身的傑克也用最後一口氣寫下了最後一封「星期三的信」，之後與他的太太相擁而死。當他們三個子女回來處理後事時，發現了爸爸有寫信的習慣，於是他們讀了這些信，卻也意外發現了父母從沒告訴他們的秘密，他們除了要面對父母離開的悲痛還得承受真相。在處理完父母的後事，這整件故事的答案也被揭曉，讓原本不諒解父母、哥哥的二哥麥爾坎明白了，他發現自己並非受傷最深的受害者，最痛、最難過的是愛他的父母，所以他原諒了別人，也懂得如何去寬恕別人。

資料來源：
呂玉嬋（譯）（2009）。星期三的信（原作者：Jason F. Wright）。臺北縣新店市：木馬文化出
　　版。（原著出版年：2008 年）

　　寫一封寬恕的信件，描述事情的經過與情緒，並想要原諒傷害你的人，此信件不寄出。

開頭：

敘說事件：

自我的覺察：

期待／希望：

生命管理

在營造一個有意義又豐盈的人生。

生命管理的要訣首先要有「光明的思考」（即前述的正面思考）；

第二個要訣是「精緻規劃」；

第三個要訣是「立刻執行」；

最後一個要素在於「分享喜樂與愛」。

1. **創造意義**：找出心靈路徑把意義注入一般活動。

2. **挑戰原有框框**：注意五種需求的不足，安排生活實驗來挑戰。例如過於強調專家。

3. **建立連結**：與家庭、朋友、鄰居、其他救難者的連結能對抗孤獨疏離，在其中溝通、歡樂。

4. **鼓勵個人成長**：寫作、創作、瑜伽、禪坐，重點在投入、持續瞭解自己規律的健康飲食。